劳动教育的
理论与实践探索

黄春燕 姚文丽 陈秀红 ◎著

中国出版集团

中译出版社

图书在版编目（CIP）数据

劳动教育的理论与实践探索 / 黄春燕，姚文丽，陈秀红著. -- 北京：中译出版社，2024.3

ISBN 978-7-5001-7830-9

Ⅰ.①劳… Ⅱ.①黄…②姚…③陈… Ⅲ.①劳动教育—教学研究 Ⅳ.①G40-015

中国国家版本馆CIP数据核字（2024）第066936号

劳动教育的理论与实践探索
LAODONG JIAOYU DE LILUN YU SHIJIAN TANSUO

著　者：	黄春燕　姚文丽　陈秀红
策划编辑：	于　宇
责任编辑：	于　宇
文字编辑：	田玉肖
营销编辑：	马　萱　钟筏童
出版发行：	中译出版社
地　址：	北京市西城区新街口外大街 28 号 102 号楼 4 层
电　话：	（010）68002494　（编辑部）
邮　编：	100088
电子邮箱：	book@ctph.com.cn
网　址：	http://www.ctph.com.cn
印　刷：	北京四海锦诚印刷技术有限公司
经　销：	新华书店
规　格：	787 mm×1092 mm　1/16
印　张：	10.25
字　数：	204 千字
版　次：	2024 年 3 月第 1 版
印　次：	2024 年 3 月第 1 次印刷

ISBN 978-7-5001-7830-9　　　定价：68.00 元

前　言

新时代劳动教育的开展，在理论层面上，是对马克思主义劳动观内容的丰富，也是对中国勤劳文化的传承以及对劳动育人导向的发扬；在实践层面上，是培养担当民族复兴大任时代新人的必然选择、践行社会主义核心价值观的重要途径和落实高校立德树人根本任务的必要环节。

劳动教育是马克思主义教育学"五育"理论中一个十分重要而特殊的方面，与德、智、体、美诸方面构成紧密联系的有机整体。无论是作为一种教育活动、一项教育内容，还是作为一种道德教育，抑或作为学校一类专门的课程，劳动教育都应当是全面的、自由的、自主的、创造性的，非此不能促进人的自由全面发展。加强劳动教育是新时代下学校人才培养的新要求，也是学校贯彻和落实立德树人根本任务的必然选择。

劳动教育是中国特色社会主义教育制度的重要内容，直接决定社会主义建设者和接班人的劳动精神面貌、劳动价值取向和劳动技能水平。本书是关于劳动教育理论与实践探索的书籍，通过对劳动教育概念的时代定义的探讨，着重分析了劳动教育的内涵与价值、劳动教育的精神、劳动教育的载体、劳动教育的主要内容等，最后论述劳动教育方法的创新以及劳动教育的实践，全面加强劳动教育，是促进学生全面发展的重要战略举措，也是指导学校教育教学实践的重要方针。希望本书能为劳动教育工作者提供一些有益的参考。

本书在写作的过程中参考了大量的文献资料，未能一一列出，在此向参考文献的作者表示崇高的敬意。由于水平有限，书中难免存在很多不足之处，恳请各位专家和读者能够提出宝贵意见，以便进一步改正，使之更加完善。

作　者

2023 年 10 月

目 录

第一章　劳动教育概念的时代定义

第一节　当代劳动的定义

劳动是一个大家都非常熟悉的日常词汇。但是，要想给劳动下一个明确的定义，却是不容易的。而且，正因为劳动这个概念过于日常，所以，每个人都可以对其进行经验化的个体解读。目前，在劳动教育研究中，学者们都同意既不能对劳动概念进行泛化理解，也不能窄化劳动的定义。但是，劳动这一概念在多大程度上属于泛化理解，在多大程度上又属于窄化定义，并没有很好的理论澄清。这样一种认识上的模糊，必然会损害对劳动以及对劳动教育概念的认识。因此，需要对劳动这一概念做必要的理论澄清。

一、马克思的劳动概念

劳动是马克思学说中一个非常重要的分析概念。有学者认为，劳动这一概念在马克思那里，才真正获得了本体论意义上的确认并获得其存在的独立性。马克思一方面看到了劳动就其本质而言对于人的存在以及人的类本质的实现所具有的积极意义，另一方面也深刻地揭示了在资本主义制度下劳动的异化对人的压迫性。

（一）劳动与人的类本质的实现

马克思作为"现代最为伟大的劳动理论家"，在继承整个西方思想传统的基础上，提出"劳动作为人的自由自觉的类生命活动"这一存在论的基本判断。这一判断被阿伦特称为"对劳动的最高赞美"：马克思看似大逆不道的观点——劳动（而非上帝）创造了人，或劳动（而非理性）使人区别于其他动物，是整个现代都一致同意的某种观点的最连贯和最激进的表述。马克思将劳动作为人的内在本质加以肯定与赞美，也提供了我们理解"劳动"的存在论基础。

在马克思看来，劳动是实现环境的改变与人之自我改造的中介性活动。劳动首先是人和自然之间的过程，是人以自身活动来中介、调整和控制人和自然之间的物质交换的过程。正是在劳动中，人通过对环境的改造获得赖以生存的物质生活条件。第一个历史活动就是生产满足这些需要的资料，即生产物质生活本身，而且，这是人们从几千年前直到今天，单是为了维持生活就必须每日每时从事的历史活动，是一切历史的基本条件。可以说，人从事劳动的"第一需要"在于满足自身生存与发展，劳动首要的意义与价值也在于满足人们的生存需要，是人创造、表征、确证自身存在本质的生命活动。

虽然劳动的第一性是为生之必需，即服从普遍的自然规律，即为了吃饭，必须劳动，但在马克思看来，劳动受制于生存性目的并非意味着劳动是强制的、必然的。诚然，劳动尺度本身在这里是由外面提供的，是由必须达到的目的和为达到这个目的而必须由劳动来克服的那些障碍所提供的。但克服这种障碍本身，就是自由的实现，而且进一步说，外在目的失掉了单纯外在自然必然性的外观，被看作个人自己提出的目的，因而被看作自我实现。可以说，正是在严肃的劳动之中，人成为"自在自为的存在者"，通达自由王国。在此意义上，劳动使人确证其自由自觉的"类本质"。在劳动中人获得其能动性，使自身之存在彻底与动物性生存揖别。一个种的全部特性、种的类特性就在于生命活动的性质，而人的类特性恰恰就是自由自觉的活动。

劳动在创造物质文化产品的同时创造出以这些产品为载体的人与人的社会关系。在马克思看来，人的劳动是在社会中展开的，是一项社会性的活动。当人以劳动进行物质资料交换、维持生存，通过劳动将自我本质力量外化为物质产品的同时，也在劳动中形成个体与他者的关系——社会关系。不是从单个的、抽象的个人出发，而是从现实的关系出发理解劳动，这也构成了马克思理解劳动的重要视角。

从马克思关于劳动的分析可以看出，劳动一方面作为人得以存在的基本物质前提，另一方面则又确保人获得其不同于其他动物的类的规定性。

（二）资本主义私有制与劳动的异化

虽然马克思高度肯定劳动的价值和意义，但是，他也清楚地看到了在资本主义私有制条件下的雇佣劳动所导致的异化劳动问题。在马克思看来，资本主义私有制的存在，导致了本应体现人主体力量和类本质特征的劳动，变成了异己的压迫力量。这样一种劳动本质上是一种异化的劳动，它使人自己的身体，以及在他之外的自然界，他的精神本质，他的人的本质同人相异化，从而也导致了劳动者自身的异化。

首先，劳动者与其劳动产品的异化。在资本主义私有制下，劳动者所创造的价值并不属于他自身，而是属于资本家。因而，在这种制度背景下，劳动越有力量，工人越无力；劳动越机巧，工人越愚笨，越成为自然界的奴隶。由于劳动成果不属于劳动者，因此，这种劳动也就从根本上剥夺了劳动者从劳动中获得价值感和意义感的可能。

其次，劳动者与其劳动过程相异化。劳动者是作为被购买的劳动力而参与资本主义生产的。如何使用和消费这种作为商品而存在的劳动力，主要取决于商品的购买者——资本家。因此，劳动者从根本上而言无权参与其所从事的整个劳动过程。这样的劳动对于劳动者而言，不是肯定自己，而是否定自己；不是感到幸福，而是感到不幸；不是自由地发挥自己的体力和智力，而是使自己的肉体受折磨、精神遭摧残。因此，劳动者在面对这个不属于他的劳动时，更多感到的是一种痛苦和不幸，只有逃离劳动，才能觉得自在和舒畅。

再次，劳动者与其类本质的异化。人的类本质是人作为人区别于其他物种的本质属性。在马克思看来，人的类特性恰恰就是自由自觉的活动。私有制下的劳动，是一种被压迫、被剥削的异己的劳动。这种劳动下的个体更像是被驱使的物，而不是活生生的具有独立自主意志的个体。异化劳动把自我活动、自由活动贬低为手段，也就是把人的类生活变成维持人的肉体生存的手段。这样一种劳动明显与人的类本质不符。

最后，劳动者与其自身和他人关系的异化。异化劳动造成的最终后果是劳动者个人的异化。这种异化对内表现为：他失去了作为劳动者的主体地位，降格为一种物的存在，对外则表现为劳动者同他人的对立。他不仅生产出一种"作为异己的、敌对力量的生产对象和生产行为的关系"，生产出一种"他人对他的生产和他的产品的关系"，而且还生产出"他对这些他人的关系"。由于劳动者已经异化于他所从事的劳动，因此，必然也会带来他与整个周遭世界关系的异化。

马克思关于异化劳动的论述，对于我们更好地理解劳动的现实性，有着非常重要的方法论意义。也就是说，从马克思关于劳动的分析中，我们一方面需要把握其关于劳动的本质的论述，另一方面也要注意区分劳动的现实性与劳动本质之间可能存在的诸多落差，不能够用现实的"异化"劳动现象来否定劳动之于人、之于社会、之于历史的积极意义。

二、劳动的概念辨析

劳动概念之所以难以定义，非常重要的原因就在于，劳动与诸如实践、生产、工作等日常概念密切相关。以至于很多时候人们在运用这些概念的时候并未做过多的区分。这势必会影响对劳动内涵的准确把握。

劳动与活动、实践等概念既有非常密切的关系，也有着诸多的不同。总体来看，活动毫无疑问是一个包含范围最广的概念，可以说，任何一种形式的运动，都可以称为活动。因而，活动不是一个专属于人的概念，人之外的其他生物同样也存在着不同形式的生命运动，因而也会有其生命活动形式。实践不同于活动之处就在于：它主要指的是个体能动地改造和探索现实世界的一切客观物质的社会性活动，其主要形式包括改造自然的物质劳动、改进社会关系的社会活动，以及探索世界奥秘的科学探索活动等。因此，实践更多的是与理论相对的一个概念，体现的是人的一种主观见之于客观的活动，主要强调的是人的能动性、创造性和社会历史性。也就是说，实践必然是一个对象性的活动。从这个角度看，实践是专属于人的概念。根据对象和目的的不同，人类的实践领域既可以是生产层面的，也可以是文化、社会活动层面的。而劳动主要是属于生产层面的人类实践，它虽然很重要，但也仅是实践的一种形式。

生产与劳动是一对关系更为紧密的概念。在现实中，人们会有生产经营、生产劳动等不同的概念，这些概念存在本身实际上表明了在生产领域中存在着不同的实践形态。生产经营者、投资者虽然不直接参加具体的生产活动，但是他们同样是现代生产不可或缺的组成部分。可以说，现代生产的不断发展，与生产经营者、投资者的加入有着非常密切的关系。因此，生产的参与主体是多元的。但是就生产的具体过程而言，参与主体只能是劳动者。即劳动者实际承担着将劳动工具应用于劳动对象，从而实现价值创造的任务。其他生产参与者在这个过程中更多发挥的是价值转移或价值实现的作用。因此，生产者是一个比劳动者范围更为宽广的概念。

就劳动与工作的概念关系而言，工作是一个比生产、劳动涵盖范围更广的概念。一般而言，工作主要是指在一定的社会分工体系中所从事的职业活动。因此，人类的绝大部分实践活动，除了以消费活动或人本身的生产为主的日常实践活动外，都叫作工作或职业活动。工作是与人存在的非自然相应的活动，对应于人类在地球上建造的人为对象世界。因此，工作就其外延而言，是一个远大于劳动的概念。

这里需要进一步明晰的是，我们不能把各行各业的社会分工简单等同于劳动分工。虽然最初的社会分工是源于劳动分工，但是，社会分工的进一步发展使得社会的职能分化日益精细，这就使得社会分工的外延越来越宽广，劳动分工变成了社会分工的一部分。也就是说，只要一个人在社会分工体系中从事一定的职业并获得相应的报酬，他就是在工作。但是，这并不意味着在工作的这个人就一定是在从事生产创造的劳动。

总体而言，劳动最核心的意涵就在于：它是一种人类独有的创造性活动，这种创造性活动主要体现在人将一个自在之物变成为我之物的过程，是一种自然的人化过程。也就是说，人通过劳动，必然创造出自然原本不存在或至少由人加工改良了的东西。没有劳动，自然不能够凭借自身生产出新的事物。人之所以需要劳动实现自然的人化，归根结底就在于，劳动可以满足人生存的第一需要并展示人的自由、自觉的类本质。当然，劳动的具体形态会由于时代的不同而呈现出不一样的形式，但是，劳动作为人的本质力量对象化的实践，作为人的自由、自觉类本质的展示这一核心是所有不同劳动形态背后共通的内涵。因此，我们可以认为，凡是能够体现人的对象化实践的创造性活动，都属于劳动的范畴。

第二节 劳动与劳动教育的关系

　　劳动教育作为全面发展教育的重要组成部分，正受到各级各类学校的高度重视。很多地方和学校也在实践中探索和总结出了诸多推进劳动教育的宝贵经验。然而，不可忽视的是，当前一些地方和学校对劳动教育的理解还存在不同程度的观念上的偏差，从而不可避免地导致劳动教育实践上的种种问题，其中最突出的问题就是对劳动与劳动教育的关系认识存在不同程度的误区，从而在实践中将劳动和劳动教育概念简单等同，在很大程度上导致劳动教育实践中劳动与教育的两张皮问题。因此，有必要在学理上厘清劳动与劳动教育的关系。

一、劳动与劳动教育关系的实践误区

　　劳动与劳动教育是两类性质不同的人类实践活动。前者主要是对象化的实践，即以直接的物质财富和精神财富的创造为首要目的，而后者则是以学生劳动素养的培养为活动目标。但在实践中，劳动与劳动教育的关系并未得到有效区分，从而不可避免地带来了劳动教育的诸多实践误区。具体表现为在劳动教育形式上，以直接参与劳动代替对劳动的教育性设计；在劳动教育资源建设上，将劳动教育资源与劳动资源简单等同；在劳动教育评价方面，片面地用劳动成果来衡量劳动教育的综合育人效果。

（一）形式上，以直接参与劳动代替劳动的教育设计

　　当前，很多学校在开展劳动教育时，往往缺乏教育性的设计，用直接的生产劳动来代替劳动教育，在很大程度上造成了劳动教育过程中劳动有余而教育不足的问题。具体表现为：第一，一些学生在观念上将参与劳动视作其逃离学校日常繁重学习生活的一种带有休闲性质的娱乐活动，而不是将其视为一种严肃的教育实践；第二，学生从直接的劳动中所获得的经验和感受不必然就具有正面的教育价值，甚至有可能导致负面的教育效果，比如学生会因为参加各种劳动而更加厌恶劳动。

　　实际上，劳动和教育遵循着不同的行动逻辑。劳动是创造社会物质财富和文化财富的根源，是人类区别于动物的本质特征，是人类社会赖以生存和发展的基础。因此，劳动基本上是围绕特定物质财富和精神财富的生产这一逻辑而展开的。在这个过程中，劳动者在劳动中更多地扮演着劳动力的生产要素作用。生产性而不是教育性是劳动的基本属性。也

就是说，人们参与劳动的最终目的，主要是生产特定类型的财富，而不是基于自我发展和完善的教育需要。此外，劳动作为人类的一种重要实践形态，虽然蕴含着非常重要的教育因素，但是，这些教育因素如果缺乏自觉的教育设计，就只能是一种潜在的教育力量，其对学生的教育影响必然是自发的而不是自觉的。在这种情况下，如果缺乏必要的教育引导，那么，学生就容易被劳动过程中体力和智力的艰苦付出所引发的生理或心理上的紧张所压迫，从而对劳动本身产生负面的情感体验，甚至形成错误的劳动观念。

教育归根结底是要致力于学生健全人格的培养和综合素质的提高，其作用的对象是活生生的、具体的人。因此，教育的中心工作是围绕人的成长和发展而具体展开的，教育应遵循的基本行动逻辑是生长性而不是生产性。对于学校教育而言，关键问题就在于如何充分地引导学生将生活敞开，即建构属于学生的校园美好生活，或者说美好教育生活。劳动教育作为教育的实践形态之一，也必然是以学生劳动素养的全面提升为其行动目的，同样必须遵循教育的生长性逻辑。这实际上就要求劳动教育不能过于突出学生在劳动过程中的劳动力身份，不能将其视为生产要素，而要将其作为成长和发展中的教育对象，作为需要不断提高自我劳动素养的学习者。因此，学习者而不是生产者是学生在劳动教育中的基本身份定位。

（二）资源上，将劳动教育资源简单等同于劳动资源

毫无疑问，劳动教育的有效推进，离不开必要劳动教育资源的支持。在很大程度上，资源问题是当前制约劳动教育顺利开展的关键性问题之一。特别是对一些城区学校而言，相关劳动教育资源的匮乏更是影响其劳动教育有效推进的瓶颈。正因如此，很多学校在推进劳动教育方面所做的首要工作就是抓劳动教育资源建设。但在具体实践中，存在的最大问题可能就是误把劳动和劳动教育简单等同，从而在很大程度上导致劳动教育资源的开发变成了劳动资源的开发。

当前，很多学校把劳动教育与"学工学农"简单等同起来。在这种情况下，所谓的劳动教育资源开发基本上就是围绕着工农业生产所需要的生产资料而展开。比如，一些学校为了推进劳动教育，就千方百计地把学校可利用的空间都开发成学生可以进行种植活动的场地。对于校园面积相对较大或生均占地面积大的学校来讲，这样一种劳动资源开发相对来讲是比较好实现的，但对于那些生均占地面积相对较小的学校来讲，如果以这种思路来开发劳动教育资源，只会把这些学校的劳动教育导向一个难以为继的困难境地。

劳动与劳动教育是两类不同的人类实践。人们参加劳动的最终目的，是生产和创造财富。因此，围绕生产和创造财富这一目的，劳动所追求的资源必然与劳动力的高效率性、

劳动工具的先进性、劳动资料（对象）的可及性等因素紧密联系在一起。也就是说，劳动资源的开发基本上是围绕生产要素而展开的。其关注的资源重点主要是生产要素数量上的完备性和质量上的高效性。

教育资源在很大程度上是学生成长和发展的重要载体，其根本价值是助力提高学生综合素质。可以说，凡是能够对学生的全面发展产生积极正面影响的教育力量，都可以纳入教育资源的范畴予以开发利用。从这个角度看，劳动教育资源就其外延而言，是要远远大于劳动资源的。即一切有助于提高学生劳动素养的教育载体，如劳模故事、反映劳动精神和劳动文化的文学艺术作品等，虽然不属于生产要素的范畴，但是由于其蕴含着对学生正确劳动观念、劳动精神的教育影响力量，因而都可以纳入劳动教育资源开发的范畴。因此，从劳动教育资源的视角而不是劳动资源的视角去审视学校的劳动教育，将有利于我们开拓思路，全面盘活学校各种显性和隐性、直接和间接的劳动教育资源。

(三)评价上，以劳动成果取代劳动教育效果

劳动教育评价是确保劳动教育有效推进的关键性因素。可以说，有什么样的劳动教育评价导向，就会有什么样的劳动教育实践追求。当前，在劳动教育评价方面，同样也不同程度地存在把对劳动的评价方式直接迁移到劳动教育的评价的现象。具体表现为：更看重的是学生在特定劳动形态方面的物化产出，却忽视学生在劳动过程中的真实体验；更在意对学生技能性劳动素养的考核，却忽视价值性、精神性劳动品质的评价。这就使得劳动教育评价往往只见物而不见人，只见生产而不见教育。

目的是评价的主要依据。在很大程度上，评价即对目的实现程度的一种考核。由于劳动的目的是物质财富和精神财富的创造，因此，对劳动的评价最终必然要落实到对劳动所创造的物质财富和精神财富的实现程度的评价上。以此为核心，对劳动的评价必然围绕劳动物化成果的质量以及劳动的效率这两个关键问题而展开。前者是对劳动结果的一种质量性评价，而后者则是对劳动过程相关生产要素协调运转状况的评估。

而教育的最终目的是培养人，人的全面发展是教育的终极目的。因此，对教育的评价在很大程度上是对人的素养的评价。具体到劳动教育而言，其评价的对象应该是学生通过劳动教育在劳动素养方面所发生的变化。这些变化既包括行动性和能力性的，同样也包括观念性和价值性的。能够制作出精美手工作品的学生，如果其没有对劳动的正确认识，缺乏热爱劳动、尊重劳动的品质，那么，其劳动素养未必高。而一个学生虽然在特定的手工制作方面显得手脚笨拙，但是，他却是非常认真地对待其所从事的工作，并在这个过程中不断探索、不断尝试，内心充满了对劳动和劳动人民的热爱，这样的学生我们不能简单用

其手工制作的水平来评价其劳动素养。这实际上表明,片面用学生在劳动中所生产出来的产品来评价劳动教育的效果在很大程度上将背离教育评价的初衷。劳动教育要关注学生劳动过程中的体验和感悟,引导学生感受劳动的艰辛和收获的快乐,增强获得感、成就感、荣誉感。如果简单套用劳动的评价逻辑来指导劳动教育的评价实践,必然会导致现实的劳动教育更加强化其生产属性,进而不断拔高对学生生产能力的要求,这实际上是不利于劳动教育的健康推进的。

综上所述,目前劳动教育由于在观念上缺乏对劳动与劳动教育关系的正确认识,导致实践上用劳动代替劳动教育的不良倾向,从而在很大程度上影响了劳动教育育人目标的有效实现。因此,准确理解和把握劳动与劳动教育的关系意义重大。

二、劳动与劳动教育关系的实践形态

理解劳动与劳动教育的关系,重点就在于我们如何理解劳动教育这个概念中劳动与教育的关系。如果将劳动作为修饰语来看,那么劳动教育可以理解为具有劳动性的教育,即强调的是教育的劳动属性;如果将劳动作为教育的目标,那么劳动教育则表现为劳动的教育,即立足于学生劳动素质和劳动者的培养;如果将劳动作为教育的途径,那么劳动教育则是一种通过劳动来进行的教育,强调的是劳动的教育功能。这三种关于劳动与教育关系的不同理解,在当前的劳动教育实践中都普遍存在。

(一)作为教育属性的劳动与劳动教育

长期以来,人们对教育最大的诟病就在于:学校教育更多的是一种以知识学习为主的智力活动,其对于学生动手实践能力的培养存在明显的不足。这一方面导致经由教育所培养的人的素养不能够有效地满足各行各业劳动的具体要求,另一方面也造成学生"四体不勤、五谷不分"的片面发展。而要从根本上解决这一问题,就必须对教育做根本性的改造。改造的重点就是要强化整个教育的实践性或生产性,确保教育与现实的生产实践充分结合起来。这不仅是着眼于一般性的教育内容的增减问题,而且是事关教育的社会主义性质的重大问题。劳动教育是新时代党对教育的新要求,是中国特色社会主义教育制度的重要内容。

强调劳动教育之于整个教育制度的重要价值,其最为重要的思想资源就是马克思主义关于"教劳结合"的重要论述。这一论述重点要解决的是教育与生产劳动的关系,目的就是为了克服教育与生产劳动相脱离所造成的人的片面发展问题。在马克思主义经典理论看来,生产劳动与教育相结合是造就全面发展的人的唯一方法。没有年青一代的教育和生产劳动的结合，未来社会的理想是不能想象的，无论是脱离了生产劳动的教学和教育，或者没有同时进行教学和教育的生产劳动，都不能达到现代技术水平和科学知识现状所要求的高度。因此，教育与生产劳动相结合不仅有人才培养的目标诉求，更有指向经由教育改造而实现人的全面发展和社会发展进步的内在使命。在这种情况下，劳动教育中的教育，就不仅是某一具体的教育活动类型，而是指向德智体美劳等诸育在内的整个教育。也就是说，马克思主义所讲的"教劳结合"不是专指一种具体的教育活动类型与劳动的结合，而是所有教育都必须具备的基本属性。实际上，在马克思那里，与生产劳动相结合的教育主要包括"三件事情"：心的教育、身的教育和技术学训练。这几乎就涵盖了教育的所有方面。因而，以马克思主义"教劳结合"为思想资源所进行的劳动教育实践，实际上是对整个教育社会主义属性的一种价值规定性的整体要求，即教育不能脱离社会生产实践。

这一点在我国的教育方针中表述得更为充分。我国现行的教育方针一开始就强调教育必须与生产劳动相结合。这一要求显然是针对德智体美劳等所有教育活动类型而言的。也就是说，不管是德育、智育、体育还是美育，都存在一个与生产劳动相结合的问题。因此，从"教劳结合"思想来论证劳动教育的必要性，其价值或意义显然就不是专指一种与德智体美并列的具体教育活动——劳动教育，而是整个教育世界。这实际上表明，"教劳结合"作为我国的教育方针，其重要性毋庸置疑。但是，将其仅视为论证劳动教育这一具体教育活动类型合理性的必要思想资源，则在很大程度上弱化了其对整个教育的意义，并窄化了其实践应用的指导力。

由此可见，"教劳结合"所定义的劳动教育是一种广义的劳动教育，它更多指向的是整个教育必须与生产劳动相结合这样一种实践要求。这里的劳动所指向的是整个教育。也就是说，只要我们的整个教育真正做到了与生产劳动相结合，那么，这个教育就是劳动教育。具体而言，就是具有了劳动属性的教育，而不是脱离生产的纯粹知识的教育。

(二)作为教育目标的劳动与劳动教育

从目标的角度来审视劳动与教育的关系，主要强调的是这样一个社会现实：当前相当一部分学生存在不同程度的不爱劳动、不尊重劳动、不会劳动的问题。面对这样一种现实问题，教育应该有所作为，应该帮助学生形成热爱劳动、尊重劳动，具备基本劳动能力的品质和素养。这就需要个体经由教育这样一种实践活动而获得人的某种基本素养——劳动素养。具有劳动素养的人，才能真正做到热爱劳动、尊重劳动和会劳动。这种劳动素养不是现有的德智体美各育所能单独实现的育人目标，因而有必要针对这种素养的培养开展专门的教育实践。这种以专门培养劳动素养为目标的教育实践即目标意义上的劳动教育。

实际上，当我们强调"五育并举"的时候，这里的"五育"基本上都是以各自目标任务的特殊性来相互区分的，即"五育"之所以能相对独立、自成一体，归根结底是各自有其价值目标。比如，德育致力于人的思想品德的提升，智育以人的智力和思维品质为培养方向，体育重在强健人的心智体魄，美育则主要涵养人的审美格调和生活情趣。依此逻辑，劳动教育就是培养人的劳动素养的教育。对此，有学者认为，劳动教育是以促进学生形成劳动价值观（确立正确的劳动观点、积极的劳动态度，热爱劳动和劳动人民等）和养成劳动素养（有一定劳动知识与技能、形成良好的劳动习惯等）为目的的教育活动。通过劳动教育，使学生能够理解和形成马克思主义劳动观，牢固树立劳动最光荣、劳动最崇高、劳动最伟大、劳动最美丽的观念；体会劳动创造美好生活，体认劳动不分贵贱，热爱劳动，尊重普通劳动者，培养勤俭、奋斗、创新、奉献的劳动精神；具备满足生存发展需要的基本劳动能力，形成良好劳动习惯。由此可见，马克思主义劳动观、劳动精神、基本劳动能力和良好劳动习惯就构成了劳动教育所要培养的劳动素养的基本内容。而这也就构成劳动教育作为一种独立教育活动类型的合法性的基本依据。

作为目标意义上的劳动教育，不仅致力于人的劳动素养的培养，而且还从根本上规定了具有这种劳动素养的人的基本身份底色——劳动者。劳动者这个身份是相对于剥削者身份而言的，其最核心的特征就在于是社会物质财富和精神财富的创造者。人类是劳动创造的，社会是劳动创造的。劳动没有高低贵贱之分，任何一份职业都很光荣，无论从事什么劳动，都要干一行、爱一行、钻一行。致力于这样一种劳动者身份培养的劳动教育因而具有了对抗资本、反对剥削、反对不劳而获的不正义社会制度的内涵在里面。正因如此，劳动教育直接决定社会主义建设者和接班人的劳动精神面貌、劳动价值取向和劳动技能水平。

综上所述，目标视角中劳动与劳动教育的关系，更像是一种目的与手段之间的关系。劳动所指向的劳动素养、劳动者相对于教育而言是一种目的性的存在，而劳动教育则是实现此目的的具体教育形态。劳动教育的价值及其存在的合法性因其所要实现的育人目标的特殊性——劳动素养的培养而得以确立。

（三）作为教育载体的劳动与劳动教育

如果从教育载体的角度来看劳动与劳动教育的关系，那么，劳动教育更多指向的是一种以劳动为主要教育途径的教育形态。即凡是通过劳动所进行的教育教学实践，都是载体意义上的劳动教育。这一载体意义上的劳动教育，实际上强调的是劳动的育人价值。

毫无疑问，劳动天然具有教育价值。劳动作为一种主观见之于客观的对象化实践活动，既反映了人改造客观世界的主动意识和能力，也体现了人改造主观世界的内在能动性。此外，以劳动为中介所形成的丰富的社会关系，是人获得自我本质规定性的根本依据。人要获得发展，获得自我存在的价值感和意义感，都离不开劳动这样一种人的本质力量对象化的实践活动。从这个角度而言，劳动对于个人品德、智力、身体和审美的发展，乃至对于作为人的本质的丰富性的提升，都有非常重要的教育价值和意义。当前很多人在论证劳动教育重要性的时候，就是从劳动对于德智体美劳的综合育人价值的角度来进行论述的。比如，有学者认为，劳动教育具有以劳树德、以劳增智、以劳健体、以劳益美、以劳促创的综合育人功能。这样一种认识充分肯定了劳动所具有的非常明显的综合育人功能。

当前的劳动教育实践，很多都是从实现劳动综合育人功能的角度来设计的。这样一种设计在教育中的主要体现就在于，将劳动作为德智体美劳等各育的重要实施载体和途径。

由此可见，作为载体的劳动，实际上指向的也是整个教育，即德智体美劳各育都可以根据实际情况选择劳动作为其落实各自具体教育目标的途径。因此，从载体的角度来理解劳动与劳动教育的关系，主要强调的就是劳动的教育价值。在这样一种关系认识中，劳动教育的合法性是奠基在劳动具有育人价值这一基本前提之上的。也就是说，在载体的意义上，劳动只是教育的一种途径，而教育才是劳动存在的目标。只不过这里的教育指向的是整个教育。即凡是个体通过劳动这样一种途径获得了教育，实现了个人综合素质的提升，这样一种教育实践即可称为劳动教育。

三、劳动与劳动教育关系的实践反思

就当前的劳动教育实践研究而言，劳动无论是作为教育的一种属性、目标还是载体，都有其各自存在的合理性。其所要讨论和试图解决的问题，都是当前中国教育需要高度关注的重大现实课题。就教育属性而言，劳动教育事关社会主义教育制度的根本性质问题；就目标来说，劳动教育与我们要培养什么样的人这一教育方向性问题息息相关；就载体来看，劳动教育反映的是怎样培养人的教育变革问题。

基于劳动与劳动教育这三种基本关系来全面推进劳动教育是一种理想状态的教育，但在不同的关系基础之上所构建起来的劳动教育所要承担的具体任务是不一样的；与此同时，它们各自实践的教育机制也存在很大的不同。作为教育属性的劳动教育，更多的是要从学理上论证其与封建社会、资本主义社会教育制度的不同，追求社会主义教育制度与现代生产和社会发展趋势的内在一致性，从而凸显社会主义教育制度的优越性和时代活力。作为目标的劳动教育，则是聚焦在对人的素养，重点是劳动素养的深入分析，从而为教育

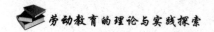

提供人才培养的基本规格和方向。这就需要深入研究人的素养结构。对于载体意义上的劳动教育，更多指向的是一种教育的途径、方式、方法的深刻变革。因而需要从教育路径的改进上下功夫。对于实践而言，以上这三种不同的劳动教育要想完全兼顾，是有一定难度的。这就需要我们回归劳动教育最基本的层面来思考何种意义上的劳动与劳动教育关系更有利于实践的开展。总体而言，我们可以从教育活动的命名逻辑、教育政策的价值取向以及现实劳动教育实践存在的突出问题解决三方面来进行讨论。

（一）从教育活动的命名逻辑来思考劳动与劳动教育的关系

毫无疑问，劳动教育是对某一教育活动类型的命名。从现有的教育活动命名方式来看，一个具有共识性的认识是：从活动所要解决的问题的特殊性来对其进行命名。德育、智育、体育、美育的命名方式是依循这样的逻辑进行的，劳动教育的命名方式也应当遵循此逻辑进行。那么，劳动教育这一实践活动所要解决的特殊问题是什么呢？教育属性的问题是所有教育活动都要解决的问题，而教育载体的变革指向的也是整个教育。从教育属性和载体的角度来给劳动教育命名，并不具有解决问题的特殊性的性质。也就是说，教育应该具有劳动属性和劳动应该具有育人价值是就整个教育而言的，它并不能够专属于某种具体的教育活动。如果从这两个角度来定义劳动教育，就会使得劳动教育这个概念过于宽泛而失去了其存在的特殊价值。

因此，这就需要我们回到劳动教育所要解决的问题的特殊性的角度来思考劳动教育的具体所指。实际上，德智体美四育所要解决的问题的特殊性是与其各自的育人目标的独特性紧密结合在一起的。德育之所以为德育，就是因为其要培养的是人的思想品德；智育之所以为智育，也是因为其专注于人的智力和思维品质的培养。因此，作为"五育并举"之一的劳动教育之所以有别于德智体美四育，显然也不是因为其教育载体的特殊性，而是因为其所要培养的劳动素养是其他四育所不专注于此的。

从教育活动的命名逻辑可以明显看出，一项教育活动区别于其他项教育活动的最主要特征就在于其所要实现的目标的特殊性。基于此，从目标的角度来思考劳动与劳动教育的关系，更能够体现劳动教育的独特育人价值。

（二）从教育政策价值取向来定义劳动与劳动教育的关系

教育政策主要反映的是党和国家对教育活动的价值期待和实践要求，是指导教育实践的纲领性文件。因此，关于劳动与劳动教育关系的理解，必须在相关教育政策的价值框架下进行解读。

从当前有关劳动教育的政策文本来看,其基本的价值取向主要还是从目标层面来定义劳动教育。如果从载体的角度来理解劳动教育,那么,学科专业显然并不属于劳动的范畴。然而,它们同样被纳入劳动教育实施的政策框架之中,成为学校劳动教育的有机组成部分,这只能是从劳动教育目标的角度才能予以有效说明。即这些学科专业虽然并不是劳动,但它们却可以实现劳动教育培养劳动素养、培养劳动者的育人目标,因而也属于劳动教育的范畴。

由此可见,从当前最为重要的两个劳动教育政策文本来看,其对劳动教育的强调基本上都是围绕如何更好地提高学生的劳动素养这一教育目标而展开的。

(三)从劳动教育实践问题解决的角度来厘定劳动与劳动教育的关系

当前劳动教育实践中不同程度地存在劳动和教育的两张皮问题,典型表现就是"有劳动无教育"。造成这一问题的原因是多方面的,但从思想认识的角度看,人们对于劳动和劳动教育的关系把握不准是重要因素。

实际上,劳动和教育在劳动教育实践中的两张皮问题,在很大程度上根源于人们对马克思主义"教劳结合"思想的实践误用。在经典马克思主义者的观念中,教育与生产劳动相结合的是以教育和生产劳动彼此作为两种独立的实践活动为前提的。只有二者彼此独立,才有所谓的结合问题。但现实的劳动教育实践往往忽视了这一前提条件,把教育与劳动的结合问题理解为用劳动来取代教育的问题。这在很大程度上造成了劳动对教育的僭越,从而不可避免地导致"有劳动无教育"这一问题的出现。这主要是因为,劳动具有育人价值不等于劳动天然就是教育。劳动与教育是两种性质不同的人类实践活动。劳动自身所具有的育人价值是一种可能性的存在。并不是说一个人劳动越多,他的劳动素养就一定越高。如果个体在劳动中并未得到有效的教育引导,那么,劳动所要求的人的体力和智力的付出极有可能会引发人的不舒适感,进而导致个体对劳动的厌倦和逃离。这是有悖于劳动教育初衷的。

此外,如果从载体的角度来定义劳动教育,则容易将作为手段和途径的劳动的教育作用片面拔高,从而出现手段僭越目的的问题。实际上,强调劳动作为教育手段的重要性,归根结底是要重构教育与生活、生产实践的关系,最终重构培养人的教育体系。因此,劳动之于教育的重要性不能从手段和途径的角度予以说明,而只能从人的成长和全面发展这一角度才能得到有效论证。现在的劳动教育在很大程度上过于迷恋作为教育载体的劳动,片面强调让学生参加各种形式的劳动,却忽视了学生在劳动中的素养发展这一更为关键的教育问题。这种把教育手段与教育目标混为一谈,甚至颠倒过来,为结合而结合的指导思想，曾经使我们的教育工作走了一些弯路。若不纠正，今后还将会出现类似的情况。实际上，劳动教育不等于职业教育，其教育的目标不是指向某一专门劳动专业能力的培养，而是指向所有学生都必须具备的劳动素养的习得。过于强调劳动本身而遗忘了劳动应承载的教育目标，一方面会导致劳动和教育的简单对立，另一方面则容易造成劳动教育的技能化和职业化。这一切都不利于劳动教育的有效落实。

目标是行动的先导，是指导实践的行动指南。包括劳动教育在内的整个教育，都应该在目标的引领下开展具体实践。因此，在理解和把握劳动与劳动教育关系的时候，应遵循目标性原则。即需要从劳动教育所要实现的目标特殊性的角度，来把握劳动与劳动教育的关系，这样才能从根本上保证劳动教育育人方向的正确性和科学性。让学生动手实践、出力流汗的目的是要让学生接受锻炼、磨炼意志，培养学生正确劳动价值观和良好劳动品质。正是后者的存在赋予了前者存在的合法性。也就是说，没有学生在劳动教育中正确劳动价值观和良好劳动品质的形成，动手实践、出力流汗这一劳动载体将失去其教育上的意义。

从目标的角度去思考作为劳动教育载体的劳动，将有利于我们对劳动育人价值的正面挖掘，也有利于我们对劳动教育载体多样性的认识。从实现劳动教育目标的角度看，其他非劳动形态的教育资源，如诗歌、故事等同样具有涵养学生劳动素养的教育功能。

综上所述，不管是从教育活动的命名逻辑、教育政策文本的价值取向还是劳动教育实践的问题解决来看，从目标的角度来理解劳动和劳动教育的关系，更能够凸显劳动教育存在的特殊性，也能够使我们更好把握劳动教育的内涵。这对于劳动教育实践而言，最大的意义就在于能够引导学校将劳动教育工作的重心从对劳动的关注聚焦到育人目标的实现上来，从而真正确保劳动教育的有效落实。

第三节　与劳动教育相关的概念

为了对劳动教育有更为准确的理解，需要进一步辨析与劳动教育相关的其他教育概念，如生涯教育、职业教育、综合实践活动之间的关系。

一、劳动教育与生涯教育

劳动教育与生涯教育毫无疑问都要培养学生特定的劳动观念和劳动能力，但是，二者在理论渊源、培养目标、教育内容和途径等方面还是存在很大的不同。

(一) 理论渊源不同

劳动教育与生涯教育有着完全不同的理论渊源。总体来讲，我国劳动教育主要是建立在马克思主义的劳动观和教育与生产劳动关系的学说基础之上的。而生涯教育的理论渊源显然不同于劳动教育。

生涯教育源于 20 世纪后期的美国。生涯教育是围绕生涯发展而进行的所有正规教育。

由此可见，劳动教育与生涯教育遵循的是不同的理论脉络。劳动教育的理论发展基本上是沿袭马克思主义的劳动观以及教育与生产劳动相结合的学说脉络而展开的；而生涯教育的理论基础虽然说法不一，但大多都是与生涯发展、职业发展相关的理论在教育层面的应用。

(二) 目的侧重点不同

虽然劳动教育和生涯教育的目的都落脚于培养适应社会需要的工作者，但其目的的性质和侧重点却有所不同。

一般而言，劳动教育的目的在于使学生树立正确的劳动观点和劳动态度，热爱劳动和劳动人民，养成劳动习惯，从而成为一名合格的社会主义劳动者。其目的指向的是对劳动者的劳动能力、劳动情感、态度价值观等方面的培养，始终是围绕一名合格的劳动者必须具备的素质、品质而展开讨论的，这与生涯教育目的的侧重点有很大不同。

对于生涯教育来说，从产生之初，其广义含义就被大多学者认为是指学校所有的教育内容。

由此可以看出，劳动教育与生涯教育在教育目的上的不同可以归纳为：劳动教育的目的指向对劳动者所必须具备的能力和素质的培养和塑造，而生涯教育的目的着眼于对个体生涯发展的规划和准备。教育目的侧重点的不同，带来的是教育内容和实现途径上的差异。

(三) 教育内容及途径不同

劳动教育内容主要为以下四个层面：一是与生产劳动相关的教育，个体在体力劳动中习得相应的劳动技能、生活技能；二是与精神劳动相关的教育，个体在脑力劳动中学会思考、发展思维；三是与自我服务相关的教育，比如家务劳动、饮食起居等，培养学生的自理能力；四是与社会服务相关的教育，比如植树造林、助老助残等，培养个体的劳动意识、劳动价值观和社会责任感。各国进行劳动教育的途径主要分为两种：一是如俄罗斯、德国等国家单独设立劳动课程进行劳动教育；二是如日本等国家将劳动教育内容融入其他课程的教学之中。

虽然所有的教育活动在某种程度上都具有生涯教育的内涵，但学界在具体讨论生涯教育的实施时，都取其狭义含义。狭义上的生涯教育可以理解为是按照社会要求和受教育者的发展需要，帮助学生在正确认识自我的基础上自主规划人生的教育。学生的生涯教育应包括以下内容：第一，进行日常生活的基本常识教育，培养其独立生存能力；第二，训练思考能力、学习能力，培养其创新精神，形成可持续发展的能力、挖掘潜能和规划决策的综合能力；第三，传授职业基础知识，树立正确的职业观，掌握基本的职业技能；第四，帮助中学生养成关爱生命的人生态度，培养他们与人和谐相处的基本能力，帮助他们养成健全的人格，从而确保他们能够顺利融入社会，并与他人构建良好的社会关系，逐步实现自己的生涯发展。

对比劳动教育与生涯教育可知，一方面，在教育内容上，二者在劳动的专业知识技能方面有所交叉，但是劳动教育强调的是个体包括体力劳动和脑力劳动在内的劳动能力和劳动价值观念的培养，在内容的选择上，范围更广，小至个人的起居饮食，大至进行物质生产劳动和精神生产劳动都属于劳动教育的重要内容。而生涯教育虽然面向整个生涯发展过程，但在内容上却较大程度地局限于对个体职业生涯的规划、准备和发展；另一方面，在教育途径或形式上，劳动教育主要是以实践活动的形式开展。而实施生涯教育的途径和形式似乎更显丰富：除了开设相应课程和实践活动之外，很多国家还专门提供相应的生涯指导服务、设有心理辅导系统等。同时，生涯教育还重视学校与家庭、社会的相互作用与联系，共同为个体提供完善的生涯指导。

二、劳动教育与职业教育

劳动教育和职业教育都是国民教育体系的重要组成部分，但两者的地位层次各有不同。

（一）地位层次

我国将教育体系划分成普通教育、职业教育、高等教育和成人教育四类。职业教育一般被看作是与普通教育相对的教育类型，和普通教育都是整个教育系统的有机组成部分。

而劳动教育是党的教育方针的组成部分，是包括职业教育在内的整个国家教育体系都必须贯彻落实的教育要求。一般而言，劳动教育是与德育、智育、体育、美育并举，和四育互相渗透、相互补充的。劳动教育在人的全面发展教育中的地位和作用，不是德智体美各育所能完全替代的，它在实现人的全面发展教育中有着特殊的综合育人作用。

(二)培养目标

劳动教育和职业教育都是希望培养出符合社会时代要求的具备一定劳动素质的人才，但职业教育更具有职业针对性，劳动教育的目标更具有普遍意义。

广义的职业教育是社会的需要，提升智力、发展个性，培养人的职业兴趣，训练职业能力，谓之职业教育；狭义的职业教育系指对全体劳动者在不同水平的普通教育的基础上，所给予的不同水平的专业技能教育，培养能够掌握特定劳动部门的基础知识、实用知识和技能技巧的人才的教育。

劳动教育的定义为：劳动教育是劳动、生产、技术和劳动素养方面的教育。主要任务是：培养学生正确的劳动观点；培养学生正确的劳动态度；培养学生具有良好的劳动习惯、艰苦奋斗作风，遵守劳动纪律，爱护劳动工具，珍惜劳动果实，抵制不劳而获、奢侈浪费等不良思想倾向；使学生获得工农业生产基本知识和技能。劳动教育的根本目的是要提高受教育者的劳动素质，也就是要培养受教育者正确的劳动态度，提高他们的劳动能力，养成他们良好的劳动习惯。

综合来看，职业教育的培养目标主要是造就集职业态度、职业技能、职业素养于一身的人才，劳动教育的培养目标是学生的劳动观念、劳动精神、劳动技能和劳动习惯。职业教育的培养目标更具有针对性和专门化，与社会的职业分工紧密相连，而劳动教育的培养目标更具有普遍、广泛和全面意味，与整个社会的政治、经济、文化紧密相关。

(三)教育对象

从广义的角度讲，所有教育都有职业的意义；但从狭义的角度看，职业教育是特指对特定学生的教育，因此，职业教育的对象更具有针对性和阶段性，而劳动教育的对象则更具有普遍性和长期性。

职业教育有一定的准入门槛，很多学者都认为职业教育主要面向接受过基础教育的学生。职业学校成为职业教育的主要载体。职业教育教授给学生的不再是简单的劳动经验，而是系统的专业知识，显然，没有接受过一定的基础教育，是无法向书本学习这些专业知识的。职业教育是指在基础教育之上，持续提升学生职业素质的一类教育活动。

劳动教育则不一样。由于劳动教育是教育方针的范畴，因此，其对象就是所有接受教育的学生，而不是特指某个阶段、某种类型的学生。从这个角度看，劳动教育的对象相比于职业教育而言，更具普遍性。

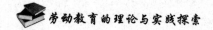
（四）教育内容

劳动教育和职业教育都强调实践，都要求理论与实际结合，但在具体的教育内容方面还存在较大差异。

职业教育是在终身教育和终身学习的体系中，建立在基础教育之上的、为引导学生掌握在某一特定职业或职业群中从业所需的实际技能知识和认识的教育服务。层次上一般分为初等、中等和高等，主要包括就业前的职业准备教育和就业后的岗位培训、转岗培训。

劳动教育涉及范围很广，从其基本内容来分，可分为生产技术劳动、社会公益劳动、生活服务劳动等；从其基本素养来分，可分为劳动观点、劳动态度、劳动习惯等。但从其基本任务而言，不外两大方面：一是劳动技能的培养，二是思想品德的教育。劳动教育的基本内容，包括了生产技术劳动、社会公益劳动、自我服务劳动等方面的教育。

综合看来，劳动教育的内容更为广泛、多元，它并不具体指向某一特定的职业类型。职业教育的内容更有针对性，主要以个体将来的职业发展为目标，服务于个人的职业规划和成长。

三、劳动教育与综合实践活动

劳动教育与综合实践活动有着非常密切的关系。甚至在一段时间里，劳动教育是作为综合实践活动中的一部分予以实施的。

但总体而言，劳动教育与综合实践活动有着本质上的不同。

首先，劳动教育是党的教育方针的重要组成部分，而综合实践活动只是学校课程的一种组织形式，二者在性质上存在很大的不同。劳动教育是德智体美劳全面发展教育中的重要一环，是中国特色社会主义教育制度的重要内容。它不仅关乎劳动者的精神风貌和劳动能力，也关乎社会主义的教育性质。而综合实践活动是国家义务教育和普通高中课程方案规定的必修课程，与学科课程并列设置，是基础教育课程体系的重要组成部分。由此可见，劳动教育与综合实践活动在性质上是不一样的。

其次，劳动教育的目标与综合实践活动的目标也有很大的不同。综合实践活动的目标在于，帮助学生从个体生活、社会生活及与大自然的接触中获得丰富的实践经验，形成并逐步提升对自然、社会和自我之内在联系的整体认识，具有价值体认、责任担当、问题解决、创意物化等方面的意识和能力。劳动教育的目标则在于培养学生正确的劳动观、劳动精神、基本劳动能力和劳动习惯。二者在培养目标方面是不一样的。当前，可以将综合实践活动视为推进劳动教育的重要载体。

最后，劳动教育是面向所有学段、所有类型学生的教育，而综合实践活动只是基础教育阶段的学生所要接受的教育形式。由于劳动教育是教育方针层面的范畴，因此，不管是中小学还是大学，不管是普通教育还是职业教育，都需要开展劳动教育。但是，综合实践活动的开展，仅限于中小学，并不包含大学和学前教育。

第二章 劳动教育的内涵与价值

第一节 劳动教育的内涵

一、劳动教育的相关内涵

（一）劳动的概念

马克思认为，劳动是人类社会存在与发展的基本前提，劳动创造了人，创造了文明，创造了社会。劳动是人们使用工具改造自然物，使之适合自己需要的有目的的活动，即劳动力的使用或消费，包括脑力劳动和体力劳动。作为人类存在方式的劳动，是指人类发挥主观能动性不断创造物质财富和精神财富的活动过程。在这一过程中，人类立足自然，改造自然，不断满足自身对美好生活的向往。在人类社会财富还没有达到极大丰富的条件下，劳动更多是作为一种谋生的手段、一种职业的存在。在人类社会实践活动中，劳动创造物质财富，满足人及人类社会生存和发展的需要；劳动实现自我，人类通过劳动创造精神财富，进而获得精神层面的满足感、幸福感；劳动超越自我，人类通过劳动不断提升自身技能，进而激发自身发展潜能和创造潜力。

劳动具有创造性。劳动是人类有目的、有意识的活动，创造了人类生存和发展所必需的物质财富与精神财富。马克思认为，人与动物最本质的区别就在于，最蹩脚的建筑师从一开始就比最灵巧的蜜蜂高明的地方，是他在用蜂蜡建筑蜂房以前，已经在自己的头脑中把它建成了。劳动过程结束时得到的结果，在这个过程开始时就已经在劳动者的头脑中存在着，即已经观念地存在着。他不仅使自然物发生形式的变化，同时他还在自然物中实现自己的目的。与动物不同，人类在意识的支配下，带着一定的目的，运用自己的体力和脑力参与到社会实践中，并与物质生产资料相结合，改变劳动对象的形态，创造出自身所需要的产品。正因为劳动具有强大创造能力，人类才能够不断认识自然、改造自然，人类社会才能得以持续发展。

劳动具有实践性。劳动是人类生存和发展的基础。劳动是实实在在的社会实践活动，人的吃、穿、住、用、行等基本生活问题要得到解决，就必须通过参加生产劳动实践，获取基本生活资料。同时，劳动也是人类社会发展的重要推动力量。正像社会本身生产作为人的人一样，社会也是由人生产的。活动和享受，无论就其内容或就其存在方式来说，都是社会的活动和社会的享受。在人类社会发展的初期阶段，劳动作为一种最基本的社会实践活动，不断改变着像茹毛饮血、刀耕火种这类原始的生活方式，为人的发展开辟了宽广的天地。之后，人类社会经历农耕文明、工业文明发展到今天的信息社会，人类通过自身的智慧和辛勤劳动，不断推动社会进步。

劳动具有利他性。劳动是人类社会的存在方式，作为创造物质财富与精神财富的社会活动，劳动生动诠释了"人人为我，我为人人"的文明理念。人是社会中的人，社会是由人构成的社会，任何人都无法脱离社会而单独存在。人类在劳动实践中，立足自身所处环境，发挥自身优势，创造特定的物质财富和精神财富，并将自身创造的各类产品与他人交换，以获取自身不能创造的产品，弥补自身的不足，不断满足自身对美好生活的需要。人类社会就是在这种创造与交换中不断发展的，劳动在人类社会发展中发挥了基础性作用。

可见，劳动是一种具有独立价值的人类活动，是人有目的、有意识地改造客观世界和主观世界的实践过程，是人同动物最根本的区别，是人类社会生存和发展的重要动力。

（二）劳动教育的概念

劳动教育是对学生进行劳动理念、劳动知识和劳动技能的教育活动，是促进学生养成正确劳动价值观、形成良好劳动素养的基本途径。劳动价值观是对劳动的认知、理解、判断或抉择。劳动教育引导学生形成正确的劳动价值观，就是要确立正确的劳动观念，形成积极的劳动态度，培养对劳动人民的真挚情感，养成良好的劳动习惯。劳动教育引导学生形成良好劳动素养，就是要通过不断参与劳动实践，增加知识储备，提高劳动技能，进而提升进行创造性劳动的能力。

劳动教育是在坚持全面、系统的科学文化知识学习的前提下，有目的、有计划地组织学生参加生活劳动、生产劳动和创造性劳动的教育活动，其目的是让学生动手实践、出力流汗，接受锻炼、磨炼意志，感同身受、增进认同，最终促进学生全面发展。

劳动教育是触及灵魂的思想政治工作。学生在施教者的言传身教中，培养品格，磨砺心性，加深对劳动价值的认识，坚定对劳动的正向情感，增进对劳动者、劳动行为、劳动成果的敬重之情，懂得劳动最光荣、劳动最崇高、劳动最伟大、劳动最美丽的道理，进而形成"崇尚劳动、尊重劳动"的正确劳动价值观。

劳动教育是入脑入心入行的社会实践。"劳力劳心，亦知亦行"，陶行知先生的话，深刻阐明了劳动教育的意义和重要性。学生在正确劳动价值观的指引下，身体力行，劳动热情不断焕发，劳动知识不断丰富，劳动技能不断提高，创造性劳动潜能也进一步释放，必须依靠辛勤劳动、诚实劳动、创造性劳动，最终成为适应时代发展要求的创造性劳动者。

重视劳动教育是马克思主义劳动观和教育观的重要内容，是中华民族的优良传统。马克思主义认为，劳动不仅创造财富，而且对于人的全面自由发展具有不可或缺的作用。中华民族源远流长的耕读文化传统，是教育与生产劳动相结合的典型形式，不仅夯实了劳动教育的社会基础，也丰富了劳动教育的人文底蕴，更拓展了劳动教育的实践内涵。

(三)劳动教育的基本特征

1. 劳动教育具有普通教育的属性

劳动教育旨在落实党和国家的教育方针，具有普通教育的属性。劳动教育的着眼点在于培育德智体美劳全面发展的社会主义建设者和接班人。劳动教育可以树德，锤炼学生认同劳动、尊重劳动、热爱劳动人民的道德品质；劳动教育可以增智，提高学生认识世界和改造世界的能力，激发创新创造的灵感；劳动教育可以强体，让学生增强体质、磨砺意志、锻炼身心；劳动教育可以育美，让学生塑造美的体形、创造美的事物、收获美的感受。德智体美劳五个方面相互渗透、相互促进，缺一不可，共同构成了促进人的全面发展的教育体系。可见，劳动教育是覆盖不同教育类型的教育形态，职业教育、普通教育、大中小幼不同学段都需要开展劳动教育，劳动教育对于成长阶段的学生具有极其重要的意义。

2. 劳动教育具有价值教育的特征

劳动教育要引导学生树立正确的劳动价值观，具有价值教育的特征。劳动教育所要提升的劳动素养，包括培育劳动情感、形成劳动习惯、有一定劳动知识与技能、有能力开展创造性劳动等；其中，劳动价值观是劳动素养的核心。劳动教育的开展离不开具体的劳动形式以及专门劳动技术的学习，真正健康的劳动教育则应当特别注重核心目标的实现，即努力帮助学生确立正确的劳动观点、积极的劳动态度，努力帮助他们形成尊重、热爱劳动的价值态度，这也是学校立德树人工作的重要任务。从立德树人的高度认识新时代的劳动教育的价值教育属性，能够弘扬劳动精神，强调劳动价值，培育劳动品格，引导、激励广大学生在学习和劳动的双向互动中求真学问、练真本领、立鸿鹄志、做奋斗者，努力成为有理想、有才干、有作为的实干家。

3. 劳动教育具有鲜明的时代特征

劳动教育紧跟时代步伐，不断创新教育形式，具有强烈的时代特征。由于人类劳动的方式处在不断演进的过程之中，劳动形态也在不断变化，具体表现为脑力劳动的比重不断增加、新形态的劳动不断形成。劳动教育是以劳动为基础的，劳动所具有的多样化特点成为劳动教育时代性的鲜明印记。这就要求劳动教育要做到"顶天立地"，即劳动教育既要体现时代发展方向，也要适应社会发展需求。劳动教育包括引导学生积极参加体力劳动，但又不能狭隘理解为简单的体力劳动锻炼。劳动教育的内容和方式要根据劳动形态的演进而不断完善。在信息时代，学习和生产的形式都发生了质的改变，劳动教育也呈现出新的特点，脑力劳动、探索性劳动、创造性劳动、多样性劳动等成为劳动教育领域重要内容，需要引起高度重视。

二、新时代学校劳动教育的新内涵

新时代之"新"，主要是新的时代背景、新的使命、新的挑战和要求。新时代对培养时代新人也提出了新的要求。时代新人之"新"，在于面对"百年未有之大变局"，需要以高度的使命感、责任感，肩负起时代赋予的重任，这对劳动者素质提出了新的更高要求。教育要培养德智体美劳全面发展的社会主义建设者和接班人。新时代学校劳动教育，指的是在新时代环境中，不断塑造劳动精神、弘扬劳动文化、培养劳动习惯，帮助人们养成劳动技能，实现人的全面发展，为国家培养大批杰出、卓越的人才，为社会主义现代化建设、为实现中华民族的伟大复兴贡献力量。

（一）强化"四最"的劳动观念教育

学生作为党和国家未来事业发展的主力军，肩负着实现中华民族伟大复兴的时代使命，强化"四最"的劳动观念教育，对于促进学生增强劳动观念，培养劳动感情，树立正确劳动价值观具有特殊的意义。

1. 科学认识劳动观念教育的重要性

学生是劳动教育的特殊对象。学生处于劳动价值观定型的关键时期，在即将走向社会、走上劳动岗位的时间节点，"四最"的新时代劳动观念能够为学生提供丰厚的道德滋养、巨大的精神力量，也能够为其树立正确的就业观和创新创业观，提高抗挫能力，培育社会责任感打下坚实的基础。当前，社会上还存在"不劳而获""劳而不获"等不正常现象，可能对学生的劳动价值观造成一定的冲击，如果不加以正确引导，一些学生就可能被不良社会现象所迷惑，漠视甚至厌恶劳动，看轻甚至反感劳动群众，最终与劳动脱节。新时代学生劳动教育肩负着重要的世界观培育功能。劳动观决定劳动态度，劳动态度影响劳动者的精神面貌。在学生中普遍开展"四最"的劳动观念教育，要重点引导他们正确认识劳动，积极参加劳动，乐于与劳动群众打成一片，让他们在劳动中增长知识，提高能力，增进感情。要引导广大学生深刻理解劳动的本质、价值和方式，认清劳动与社会发展的关系，以科学理性的态度对待劳动、劳动者、劳动方式，进而正本清源，反求诸己，思考如何才能紧跟时代，夯实基础，服务社会，真正成为社会主义事业的建设者和接班人。

2. 切实把"四最"劳动观念教育列为德育工作的重要内容

人的一切优秀品德的形成都与劳动密不可分。在劳动实践中，我们往往会遇到各种难题，解决这些难题，需要发挥主观能动性，在这一过程中，我们的创造能力和实践能力也能得到同步提高。育人先育德，"四最"劳动观念作为一种正确的劳动价值观，只有真正融入德育全过程，才能更加夯实学生的精神之基，才能提高学生德育工作的实效性。在高等教育中，只有让学生懂得劳动是一种光荣、是一种崇高、是一种美丽的道理，他们才会发自内心地热爱劳动，并愿意身体力行去实践；只有让学生懂得劳动的价值和意义，他们才会在自身发展过程中不断铭记劳动的真谛，并为之努力奋斗；也只有让学生真正体验劳动过程中的酸甜苦辣，他们才会更加珍惜劳动成果。

3. 塑造正确劳动价值观

劳动教育本质是品质教育，在于培养劳动价值观。新时代学校劳动教育目的在于培养学生劳动观念，增强劳动意识，提升劳动能力，激发劳动热情，从而树立正确的劳动价值观。劳动是培养正确劳动观念的基本途径，通过劳动实践，才能让"四最"劳动观念绽放出绚丽的色彩，在潜移默化中真正融入学生的精神世界。新时代学校劳动教育，使学生真正具备满足生存发展需要的基本劳动能力，形成良好的劳动习惯。新时代劳动教育以立德树人为目标，核心指向是提升学生的劳动素养，实现劳动在树德、增智、强体、育美方面的独特价值。在正确塑造劳动价值观和良好劳动习惯的同时，还要注重劳动知识技能的传授，科学设置劳动教育课程，确立劳动教育内容要求，健全劳动素养评价制度，广泛开展劳动教育实践，切实提升学生在个人发展和贡献社会方面的基本劳动能力。通过劳动教育，实现以劳促全，锤炼学生的道德品格，提升学生的思维能力，增进学生的身体健康，培养学生的审美情趣。在劳动教育中，教师还要对学生进行适时适当的指导，并针对劳动教育内容进行总结，让学生的劳动热情不断焕发，劳动知识不断丰富，劳动技能不断提高，创造性劳动潜能进一步释放。也只有这样，才能筑牢劳动观念之基，让正确劳动价值观入脑入心，进而强化对劳动教育的认同，提升劳动教育的效果。

(二)强化辛勤劳动的劳动态度教育

态度是培养良好劳动习惯的前提和基础。劳动教育就是要使学生树立正确的劳动观点和劳动态度，热爱劳动和劳动人民，养成良好的劳动习惯。培养学生良好的劳动态度是当前学校劳动教育的内在需要。当前，学生出生于物质条件较好的年代，对劳动的艰辛、生活的不易等缺乏直观感受。美好生活靠劳动创造，实现中华民族伟大复兴的中国梦，需要一代又一代有志青年接续奋斗。强化辛勤劳动的劳动态度教育，引导学生树立辛勤劳动的劳动态度，具有非常重要的现实意义。

1. 加深学生对于辛勤劳动的认识

勤劳是中华民族的优良传统，我们的祖先靠着勤劳创造出灿烂的中华文明。随着时代的发展，物质条件的改善，生活水平的提高，有的人价值观也随之发生了改变，认为勤劳已经过时，依靠朝九晚五的日常工作便能满足基本需要，甚至大数据时代只需要动脑就能够获取丰厚回报；"佛系""啃老"等对学生价值观可能造成的负面影响需要引起高度重视。幸福都是奋斗出来的，勤劳美德无论何时都不会过时。当前，面对科学技术的突飞猛进，勤劳已经不能单纯地等同于体力劳动，而是更多地体现为脑力劳动与体力劳动的有机结合。学校劳动教育既要引导学生树立起不怕困难、一往无前、辛勤劳动的劳动态度，也要引导学生树立起改革推动进步、创新提升效益的劳动观念。

2. 培养学生勤奋刻苦的学习态度

学习本身就是一种劳动，是学生付出体力与脑力获取知识的过程。学习是学生的天职，学校要引导学生勤奋学习，刻苦学习，创新学习。勤能补拙，勤奋刻苦的学习态度是进步的重要因素。学校在劳动教育中，要使学生认识到认真刻苦学习，不仅能够不断增进自身的知识储备、提高文化涵养，更是一个锻造人格、锤炼自我的过程，只有这样才能适应社会不断发展的要求。同时，通过刻苦学习所获的知识和技能，是对学生劳动的回报，又能够更加激发学生的学习兴趣和热情。学校要高度重视学生的需求，积极营造刻苦学习的氛围，褒奖热爱学习、刻苦学习的优秀学生，树立典型模范，大力宣传学习，培育优良校风学风。

3. 增加学生从事体力劳动的机会

在学生的劳动教育实践中，可以综合运用多种教育方式，增加从事体力劳动的机会，让身体回归到劳动教育中，这样既可以帮助劳动理论学习的实践化，还能够增进劳动教育的现场感、体验感、参与感，进一步发挥体力劳动在劳动教育中的基础作用。在不耽误学习的情况下，学校可以采用校园保洁包干到班、分配校园种植地、认领"责任田"等方式，还可以采用下乡、下厂等途径，适时适量参加一线生产活动，给学校学生增加体力劳动的机会，从中获得劳动锻炼。还可以建立健全适合学生的褒奖制度，采取"第二课堂学

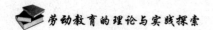

分"" "素质拓展学分"等多种多样的方式，与学生个人评奖评优相结合，更好地调动学生参与体力劳动的积极性、主动性。

4. 发挥劳动模范的典型示范作用

劳动模范是劳动群众的杰出代表，是最美的劳动者。劳动模范身上体现的"爱岗敬业、争创一流，艰苦奋斗、勇于创新，淡泊名利、甘于奉献"的劳模精神，是伟大的时代精神的生动体现。劳动模范所展现的精神风貌是中华民族宝贵的精神财富，是新时代建设美好生活的强大精神动力。榜样的力量是无穷的。学校要发挥好劳动模范的示范作用。学校可以聘请他们来校担任兼职劳动教师，充分发挥劳模的榜样激励和示范作用。此外，还可以举办"心中劳模分享会""劳模和我共成长"等主题党日、主题团日活动，加强典型引领，从先锋模范的真实事件中培养对辛勤劳动者的真挚情感，为学生树立成长的标杆。从更贴近学生群体的人物和活动出发，充分发挥优秀劳动者的典型模范作用，在学生中培养对劳动者的真挚情感，引导学生崇尚劳动、尊重劳动，懂得劳动"四最"观念。

（三）强化诚实劳动、人本关怀、家国情怀的劳动品德教育

劳动品德是人们在劳动过程中所表现出来对他人、对社会的比较稳定的心理特征或心理倾向，是对集体主义精神的形象诠释，直接反映出人的思想境界。当前，社会上还存在损人利己、唯利是图、损公肥私、不讲信用等道德失范的现象，可能对学生劳动品德的养成造成不良影响，需要通过强化诚实劳动、人本关怀、家国情怀等劳动品德教育，引导学生健康成长。

1. 强化诚实劳动教育

人世间的美好梦想，只有通过诚实劳动才能实现；发展中的各种难题，只有通过诚实劳动才能破解；生命里的一切辉煌，只有通过诚实劳动才能铸就。诚实是一种美德，是社会主义核心价值观个人层面的重要内容，诚实劳动坚持了实事求是的唯物主义原则，使我们的劳动闪耀着最光荣、最崇高、最伟大、最美丽的光辉。诚实劳动彰显了我们每个人辛勤劳动为社会做出的贡献，把不同的劳动者联系起来，是共同创造社会财富的基础和纽带。诚实劳动，是指劳动者以积极、实干、诚信的态度为他人和社会提供产品服务，基本要求是合法合理劳动，表现为劳动者在不违背法律、法规、伦理的前提下从事的劳作，具有至真性、共享性、至善性等特点。学校要引导学生牢固树立诚实劳动理念，在法律法规、校纪校规允许的范围内从事各种有益于社会发展的体力和脑力劳动，实事求是地认识和对待自己的劳动过程和劳动成果，坚决摒弃不劳而获、投机取巧、眼高手低、驰于空

想、骛于虚声、坑蒙拐骗、偷工减料等不良思想观念，以实实在在的劳动创造劳动成果，收获劳动果实。

2. 强化人本关怀教育

人本关怀是对于人性的关注和理解，从人的自身需求、人的欲望出发，满足人的需求，维护人的利益。强化人本关怀指的是要加强对劳动主体的认同和尊重，尊重劳动者，尊重劳动创造，尊重劳动成果。新时代学生劳动品德教育要凸显"尊重劳动者"的人本关怀。学校在劳动教育中，要教育广大学生正确地认识新时代社会劳动领域和劳动群体发展的新势态，由衷尊重劳动和劳动者，特别是尊重体力劳动和体力劳动者，为建构一个所有"劳动者参与发展、分享发展成果的"公平正义的社会而奋斗。"谁知盘中餐，粒粒皆辛苦""一粥一饭，当思来之不易；半丝半缕，恒念物力维艰"，任何劳动成果都是人的体力脑力付出所得，都应该得到尊重。要使学生充分认识当代社会劳动领域和群体发展新态势，增强对劳动的情感，在实践中培养学生劳动品格，构建劳动教育的良好人文氛围，让学生真正理解"劳动没有高低贵贱之分，任何一份职业都很光荣，任何时候任何人都不能看不起普通劳动者"的深刻内涵。

3. 强化家国情怀教育

"家国情怀"是中国优秀传统文化的基本内涵之一，是主体对共同体的认同表现，学校劳动品德教育要强化家国情怀这一家与国共同发展的思想和理念。劳动与家国情怀之间的关系是相辅相成的，对于百姓而言，劳动创造财富，通过辛勤劳动，建设幸福美满的小家、积累物质基础、营造和谐稳定的氛围，形成人人劳动的理想状态，减少犯罪等影响社会和谐的事件发生。对于国家而言，劳动实现国家富强，人民幸福。实现"两个一百年"奋斗目标，根本上靠劳动、靠劳动者创造。"实干兴邦"的家国情怀是实现中国梦的实践基础，祖国的发展和富强离不开每个人的劳动，民族的复兴需要每个人的奋斗。新时代学生劳动品德教育要培育"实干兴邦"的家国情怀。当代学生是进取有为的一代、是愿意努力奋斗的一代，但在利益分化加剧、利益格局日趋多元化的今天，不少学生的进取与奋斗往往带有明显的自我本位特点，他们更加强调通过奋斗实现个人发展，对自己应尽的社会义务与责任则考虑不太周全。当前，学校劳动教育要切实强化家国情怀教育，引导学生将个人职业理想与国家发展相结合，积极引导学生自觉把人生理想、家庭幸福融入国家富强、民族复兴的伟业之中，把个人梦与中国梦紧密相结合。

(四)强化劳动知识和劳动技能教育

学校在教育学生掌握必备劳动知识、劳动技能的过程中，要加强对劳动知识和劳动技能的教育，为其全面提升劳动素质打下坚实基础。人类在总结规律、创新知识的过程中形成了劳动哲学、劳动伦理学、劳动文化学、劳动社会学、劳动教育学等一系列"劳动+学科"。这些学科不仅加深了人们对劳动问题的理论研究，提升了高等教育水平和劳动人才培养质量，也拓宽了学生的知识维度，有效提升了学生对劳动多学科、多维度的认识，使学生学到分析解决劳动问题的本领，增强劳动观念、提升劳动技能。劳动技能教育是使学生初步掌握基本的劳动技术知识和技能，培养学生正确的劳动观点，形成良好的劳动习惯的教育。通过劳动技能教育，使学生学到一定的基本生产技术知识和某种职业技术的基础知识，使学生参加一定的生产劳动实践，学会使用一些生产劳动工具的技能，促进学生身心的健康发展。劳动教育最重要的一点，是其需要进行专业实习、毕业实习，在实现形式上，可以将技能教育明确列入教学计划，安排学生参加校内工厂、农场或校外挂钩单位的生产劳动，可以安排学生参加校内外服务性劳动和公益劳动，可以结合生产的实际，进行生产劳动技术知识的教学，可以组织学生参观工农业现场的生产劳动，可以指导学生开展课外科技学习小组活动，等等。

1. 加强生活中的劳动知识和劳动技能教育

社会主义的学校培养的是社会主义建设者和接班人，学生不仅要在德智体美上成为优秀的时代新人和未来实现中华民族伟大复兴中国梦的主力军，也必须从劳动中体验生活的本质，了解社会责任，明确奋斗方向。日常生活劳动是劳动教育的重要内容。学校可以区分不同层次、类型学生特点，将社会劳动体验与家务劳动贯穿全过程，既突出劳动价值观念的培养，也重视劳动知识和劳动技能的提升，使学生尊重劳动，崇尚奋斗，强调身心参与，注重手脑并用。生活中的劳动知识和劳动技能教育是多方位参与的教育。学校是立德树人的重地，理应成为对学生进行日常生活劳动教育的主阵地；父母是孩子最好的老师，家庭是传授日常生活劳动知识和劳动技能的第一站；社会为学生成长成才提供外部环境，是对学生进行日常生活劳动教育的重要部分。学校要加强家-校-社的协调配合，构建起多元立体日常生活劳动教育格局。一是加强养成教育，注重在学生个人生活自理中强化劳动自立意识，体验持家之道，培养勤俭、奋斗、创新、奉献的劳动精神，培养服务社会、服务他人的奉献情怀和服务意识，培养通过劳动提高生活品质和生活品位的精神境界，比如，结合新时代校园爱国卫生运动，强化个人生活能力和习惯养成；二是引导家长转变观念，发挥家庭在劳动教育中的基础作用，组织教育学生在衣食住行等日常生活中参加劳动，自己的事情自己做，家里的事情一起做，积极参与孝亲、敬老、爱幼等方面的劳动，弘扬优良家风；三是积极吸引社会力量参与学生日常生活劳动教育，充分发挥企事业单位、社会组织的作用，利用其知识、技能、工具、设备等方面的优势，为学生搭建多样化公益劳动平台，让学生在公益劳动、志愿服务中强化社会责任，培养良好的社会公德。

2. **加强生产中的劳动科学知识和劳动技能教育**

生产劳动教育使学生亲历工农业生产等创造过程。加强生产中的劳动科学知识教育，可使学生掌握一定的知识、生产经验和劳动技能，感受劳动创造价值、劳动创造幸福的深刻内涵。学校要在课程设置中适当增加劳动技能课程，切实提升学生动手能力，提升解决实际问题的能力。学校还应加强劳动安全知识教育，引导学生自觉树立安全意识，在精神上远离安全隐患。通过一系列安全知识培训，了解劳动安全防护体系，掌握相应的应急处理方法，在劳动过程中遇到危险时，能保护自己并及时进行自救。此外，学校还可加大与地方政府、周边社区、产业园区等的合作，有效整合各类社会劳动教育资源，构建优势互补、协同发展的校内外多元劳动教育实践教学平台，发挥好技术技能支持作用，对于加强生产中的劳动科学知识教育极具意义。

第二节　当代劳动教育的个体意义

一、当代学生的优势需求：自我实现

从马斯洛的需要层次理论来看，人的需要由生理的需要、安全的需要、归属与爱的需要、尊重的需要、自我实现的需要五个等级构成。由于低级需要直接关系个体的生存，当这种需要得不到满足时会直接危及生命。因此，基于低级需要匮乏所产生的需求动机是很强大的。

在很长一段时间里，我们之所以主要从低级需要满足的角度来激发学生的学习动机，一个非常重要的原因就在于，社会物质财富相对匮乏，人们基本的生存问题面临着很大的挑战。在这种情况下，教育作为有效实现人们低级需要满足的重要出路，毫无疑问对人有着非常强大的学习动机上的激发作用。这也是过去我们从低级需要满足的角度去劝导一个人好好学习的时候，可以取得较好的教育效果的现实原因。

比如，对于一个饥肠辘辘的人而言，一个馒头这样的低级需要都具有巨大的诱惑和吸引力；但是，对于一个吃饱甚至吃撑的人来说，哪怕是山珍海味也很难勾起他的兴趣。这实际上表明，一个人的低级需要不管多么强烈，也有满足的边界。如果我们把一个人学习和教育的需要建立在有边界的低级需要的基础之上，那么，一旦这个人达到了低级需要满足的边界，学习和教育对他而言就很难再有吸引力。现在的孩子大多生活在不愁吃、不愁

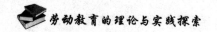

穿的物质丰富甚至过剩的时代，如果我们还是从谋生的低级需要去劝他们努力学习，那这样的劝说多半是无效的。

当代中国物质财富的积累比任何一个时代都更为丰裕，过去基于"谋生"的教育需要逻辑显然已经不适合富起来的现代中国。虽然中国的发展还存在城乡、区域间的较大差异，但经济总量已经跃居世界第二。再加上哪怕是生活暂时还不太富裕的家庭，也秉持着"再苦不能苦孩子"的育人理念，想方设法地替孩子遮蔽了诸多现实生活的物质匮乏之苦，因此，物质匮乏已经不是当代绝大多数青少年学生最直观的生活体验。面对不愁吃、不愁穿的孩子，我们在激发他们的学习需要的时候，就不能将这种需要建立在有边界的低级需要的基础之上，而应该将他们对学习的需要提升到没有边界的需要，即高级需要。

高级需要更多指向的是一个人精神层面的自我实现的需要。个体的高级需要会随着社会物质财富的不断增多而越发强烈。关于这一点，我们可以从当代学生对高考志愿选择的价值取向来做进一步的分析。过去，人们在选择高考志愿的时候，更多考虑的是所选专业的就业前景和经济回报，而当前很多中学生同样看重专业与个人兴趣的符合程度。也就是说，他们看重所选择专业在多大程度上能够满足自我实现的需要，而不是仅仅考虑专业所带来的经济报酬。此外，相对于低级需要而言，高级需要从本质上讲是没有边界的。

对于当代学生而言，他们或许不缺乏低级需要满足的条件，但是，他们可能普遍缺乏满足高级需要的意识、能力和途径。在很大程度上，高级需要更多的是内在指向而不是外在指向。即个体基于高级需要所开展的活动，其基本价值诉求更多指向的是自我人性的完满，而不仅是一种外在物质需求的满足。也就是说，高级需要更多实现的是"人活得更像一个人"这样一个具有价值性的目的。实际上，人的存在不仅是一种生物性的存在，更是一种精神性的存在。正是后者，将人与其他生物区别开来。

人要满足高级需要，需要通过对象化的实践活动来实现。高级需要作为一种内在精神层面的需要，本质上是一种自我实现的需要。而人的自我实现最终带给人的是存在意义感和价值感的获得。这种意义感和价值感更多来源于被人需要的感觉。当一个人在社会生活中获得被人需要的感觉越多，那么，他的自我存在意义感和价值也就会越强。当前学生普遍存在意义感和价值感缺失的问题，非常重要的原因就在于，他们被人需要的来源太单一。很多家长和教师对孩子最大的需要就在于，好好学习，取得好成绩。也就是说，当代学生获得存在意义感和价值感的途径主要聚焦在学习这一件事情之上。很多家长之所以不愿意让孩子劳动，一个非常重要的现实理由就在于担心会影响孩子学习。因此，一旦学生无法通过学习这样一种被社会所认可的合法途径获得其存在的意义感和价值感的时候，他们就特别容易发生精神性的意义危机。实际上，人要获得自我存在的意义感，获得被人需要的感觉，他必须有对象化的实践能力。即他必须能够通过主体对象化实践的方式，向他人展示其创造的价值，并在这个过程中体会到自我本质力量实现的精神愉悦。而劳动是一个人本质力量对象化的基本途径。只有在劳动中，人的本质力量才能作用于一定的对象，并引起对象的变化，从而达到满足人的需要的目的。因此，新时代的劳动教育在价值定位上，要能够满足学生优势需求转变这一重大现实。

二、劳动教育与学生的自我确证

过去的劳动教育对于个体而言，其基本价值在于工具性的谋生手段；而当代劳动教育对于个体而言就不仅是具有工具性的外在价值，更具有存在性的内在价值。也就是说，新时期的劳动教育越来越成为当代人最重要的存在方式。

作为工具性的劳动教育，更多的是解决个体的谋生问题。在这种情况下，人更多的是被劳动所奴役。而此时的劳动对于个体来说，是一种不得不为之的无奈之举。关于这一点，我们可以从历史与现实中人们对劳动的基本态度中窥见一二。在很长一段时间里，摆脱甚至逃离劳动（尤其是体力劳动）被视为一个人高贵身份的重要表现。因此，劳动对于人来说就成为一种存在性的悖论，即我们当下之所以需要劳动就是为了能够有朝一日摆脱劳动。这种劳动观念的产生，根本原因在于生产力的相对低下和社会财富的有限性所造就的人剥削人的社会关系，但其直接原因则在于我们更多的是从工具-手段论的角度来论述劳动之于人和社会的必要性。甚至在有些时候，劳动会成为我们惩罚一个人的重要手段，而这实际上是对劳动本身的污名化。

当前，随着社会生产力的快速发展，人们物质生活水平的不断提高，劳动自身的存在性价值将会日益凸显。也就是说，劳动以及劳动教育虽然对于个体而言，依然具有重要的工具性价值，但是，劳动使得个人实现自我价值、获得存在的价值感和意义感之类的存在性价值将会变得越来越重要。

首先，新时期的劳动教育要能够确保人获得自我存在的价值感和意义感。劳动创造人，社会本能是从猿进化到人的最重要的杠杆之一。最初的人想必是群居的，而且就我们所能追溯到的来看，我们发现，情况就是这样。由此可见，劳动在使人从猿转变为人的过程中，不仅改造了人的生理结构，使人可以直立行走，而且也从根本上改变了人的关系形态，赋予了人一种价值性的存在。不仅如此，整个所谓世界历史不外是人通过劳动而诞生的过程，是自然界对人来说的生成过程。作为人，不仅指向拥有"人"这个物种的所有先天基因，更指向获得一种社会性的规范和自我的价值基点。人不同于其他生物的根本特征就在于人需要存在的理由——价值感和意义感。没有这些，人就只有工具人的皮囊而无人的实质，成为行尸走肉。而人的价值感和意义感的获得是一种对象性的活动。人自我存在的本质力量需要在对象化的活动中自我创造、自我生成，才能反观自我存在的理由。劳动毫无疑问就是人类社会独有的、自觉的对象化实践。马克思就明确指出，包括生产劳动在内的所有实践活动是人类改造客观世界和主观世界的必由之路。缺少了必要的劳动实践，人就缺乏了自我对象化的重要对象，从而也就缺乏了从对象化的世界中反观自我的载体和能力。因此，新时期的劳动教育必须高度重视学生本质力量对象化之后价值感和意义感的获得。

其次，新时期的劳动教育应在丰富人的关系性方面有所作为。关系性是现实的人的基本属性。人生的丰富程度在很大程度上取决于个体关系的丰富程度。人的本质不是单个人所固有的抽象物，在其现实性上，它是一切社会关系的总和。而在"一切社会关系总和"中最重要的、最根本的是生产关系。人们在生产中不仅同自然界发生关系，人们如果不以一定的方式结合起来共同活动和互相交换其活动，便不能进行生产。为了进行生产，人们便发生一定的联系和关系，只有在这些社会联系和社会关系的范围内，才会有他们与自然界的关系，才会有生产。因此，在劳动中，既有人与人之间相互协作的合作关系，也有人与自然万事万物的和谐共生关系。可以说，一个人劳动的广度和深度，将会极大地丰富其关系的多样性，进而会提升其生命的厚度和深度。而且，生产劳动给每一个人提供全面发展和表现自己全部能力即体力的和脑力的机会，这样，生产劳动就不再是奴役人的手段，而成了解放人的手段。因此，生产劳动就从一种负担变成一种快乐。但随着现代社会劳动技术程度的不断提高，由此带来的劳动的个体化、刻板化问题日益突出，劳动逐渐从丰富人的关系的重要场域异化为单子式个体的生产机器。与此同时，年青一代又由于从小生活在以现代化著称的钢筋水泥丛林当中，他们的关系形态已经逐渐窄化为与冰冷且毫无生命活力的客观事物的关系。关系的碎片化和物质化，必然导致现代学生日益走向以自我为中心，走向自然的对立面，从而造就出一批感觉单一、自以为是的"机械人"。他们之所以机械，是因为他们失去了与世间万事万物的有机联系，也就失去了诸多可能性。而可能性恰恰是人生的魅力所在。因此，迫切需要通过劳动教育重新建构学生与自然、与社会、与他人的丰富关系，使学生在劳动中享受作为可能性存在的人的美好。

最后，新时期的劳动教育最终必然落实到对学生审美人格的培养上。自我价值感的获得、关系丰富性的重构本质上指向的是一种审美的人生境界的达成。所谓人的本质力量，主要指向的是人的主体性理想本质，是一种自由自觉的类特性活动；所谓对象化，包含了实践性对象化、精神性对象化和象征性对象化三个层面。而美就是作为主体的人的自由自觉的特性在生产实践、精神创作和文化表达上的生动体现。这是人的生产与动物的"生产"相比所独具的"美的规律",即动物只是按照它所属的那个种的尺度和需要来建造,而人却懂得按照任何一个种的尺度来进行生产,并且懂得怎样处处都把内在的尺度运用到对象上去。因此,人也按照美的规律来建造。这里的美体现了人的自由自觉的创造性实践活动,属于社会美的范畴。实际上,人类第一个历史活动,就是生产满足基本衣、食、住等需要的物质资料生产活动。正是在实践性的对象化活动中产生了最初的美,因此,最初的美的形态大多是生产性的。关于这一点,我们在人类早期的岩石绘画主题中可以明显看出来。个体或群体在改造客观世界过程中所体现出来的不断自我超越、不屈不挠、怡然自得的精神,是美的重要内涵。当今社会,人们往往将美等同于感官化的形式体验,普遍存在一种对美的内涵缺乏审美能力的时代弊病。祛除这种弊病的良药就是劳动。只有在对象化的劳动中,人们才能深切感知到那种人的类特性中自由自觉的类本质的伟大之处,才能仔细体会出人类文明的可贵,才能深刻领悟自我在人类伟大成就面前的渺小。因此,新时期的劳动教育必然倡导基于劳动的现代审美人格的培育,让学生在劳动中发现美、欣赏美和创造美。

由此可见,新时期的劳动教育之于个体而言,不仅是一种谋生的手段,更是个体的存在方式,是其获得价值感、意义感的重要途径。

第三节　当代劳动教育的社会价值

劳动世界的变化,必然会带来劳动教育社会价值的改变。总体而言,当前的劳动世界主要呈现以下三方面的突出特点:第一,劳动的科技含量明显增强,科技作为第一生产力在劳动中的体现日益充分;第二,劳动的分工日益细化,由此形成的社会关系的复杂性不断提高;第三,劳动的对象不断拓展,自然的人化程度正向纵深发展。在这种情况下,劳动教育必然要呈现出新的社会价值。

一、劳动教育的科技创新意义

劳动的发展进步,最直接的推动因素主要集中在劳动工具的变革上。可以说,每一次劳动工具的变革都会带来生产力的极大发展。而劳动工具的变革,毫无疑问是伴随着科技的进步实现的。

(一)劳动工具的技术变革

制造和使用生产工具是人区别于动物的重要标志,是人类劳动所独有的显著特征。在很大程度上，人类的劳动不仅是从制造工具开始的，而且几乎人类每一次生产力的解放，都与劳动工具的革新有着非常密切的关系。劳动工具在人类生产和社会生活中具有举足轻重的作用，甚至由劳动工具的变化所带来的社会生产方式的不同构成了各个时代得以相互区分的重要标志。各种经济时代的区别，不在于生产什么，而在于怎样生产，用什么劳动资料生产。劳动资料不仅是人类劳动力发展的测量器，而且是劳动借以进行的社会关系的指示器。劳动工具更能显示一个社会生产时代的具有决定意义的特征。因此，从劳动工具的技术变革中，可以窥探整个劳动的发展变迁历程。正是基于人类历史上所出现的劳动工具的不同，有学者将社会的劳动形态区分成了手动劳动、机器劳动和智能劳动。

最初的劳动形态，主要表现为人运用身体劳动器官（如手、臂）开展劳动。在这种情况下，人既是其劳动的主体，同时自身也构成了自我劳动的工具。也就是说，最初人是用将身体工具化的方式来实现对自然的改造。这样一种自我工具化的劳动，科技含量显然是很低的。

手工工具的出现，预示着劳动的科技含量开始增强。所谓手工工具，主要指的是人可以直接从自然界获取的工具或对自然物予以改造所形成的简单工具（如木棍、石斧）。相比于人自身器官的工具化，手工工具从其本质而言是人的器官的外化，或者说是人的躯体的延伸。比如，砍砸石器可以被视为拳头的延伸，弓弩和钳子等则是手臂的延伸。手工工具的出现不是偶然，它是人在不断实践探索的过程中，伴随人类劳动经验的丰富、劳动能力的提高而出现的。

从 18 世纪 60 年代起，机器劳动开始逐步取代手工劳动，成为劳动的主导形态。所谓简单的机器劳动，我们指的是应由看管工作机器的人来完成的辅助作业。其基本特征是机器代替人力成为劳动的主要工具。即人通过对机器的"看管"间接地实现对自然物的改造，从而将人从对自然物的直接改造活动中解放出来。机器劳动的发展大致经历了两个主要的阶段。第一个阶段是以蒸汽机的发明与使用为标志的第一次工业革命，拉开了机器劳动取代手工劳动的序幕。第二阶段则是以电力的发明与应用为标志的第二次工业革命，机器劳动进入电气化阶段。不管是第一阶段的蒸汽机发明还是第二阶段的电力发明，都与当时科技的突破有非常密切的关系。

随着计算机和信息技术的不断发展进步，人类劳动迎来了智能劳动时代。关于智能劳动的定义，不同的学者或机构基于不同的视角会有不同的定义，但总体而言，他们都肯定智能劳动是以智能技术为基础，通过技术产业化形成的新的劳动形态。具体来说，智能劳动就是运用物联网、大数据、云计算、移动互联等新一代信息技术和智能装备对劳动诸要素进行深入、广泛、持久的改造与提升，推动产品与设备、生产方式以及管理和服务的智能化。目前，智能劳动正在快速进入人类生活的各个领域，包括智能家电、智能家居等。

从以上简要分析可以明显看出，人类的劳动将随着科技含量的不断增加而日益改变其曾经的形态。这实际上表明，新时期的劳动教育必然会随着劳动科技含量的增加而具有新的功能。

（二）劳动教育要促进科技创新

很长一段时间里，中国经济的腾飞主要是建立在制造业发展的基础上的。中国成为名副其实的"第一制造大国"。中国要实现从制造业大国向制造业强国转变，关键在于提高核心技术自主研发能力。

这实际上表明，当代中国劳动教育不仅要承担个人劳动观念、劳动精神、劳动能力和劳动习惯的培养任务，更要承担劳动创新的重要时代使命。为此，劳动教育要体现时代特征，适应科技发展和产业变革，针对劳动新形态，注重新兴技术支撑和社会服务新变化；深化产教融合，改进劳动教育方式；强化诚实合法劳动意识，培养科学精神，提高创造性劳动能力。实际上，在当前，劳动不再是为了产生标准化货品和服务，而是转向不断制造新的（或已有的）、独异的、有吸引力的货物，劳动本质上已上升为一种文化性生产的创意性劳动。在劳动"独异性"的要求下，劳动主体被要求独异，自己也想独异——想有一套能力和天资，做出别人无法替代、尽可能与众不同的表现。因此，新时期的劳动教育不能囿于过去劳动教育的简单做法，要能够主动意识到劳动创新对于整个中国社会的积极意义。

具体而言，当代劳动教育要充分发挥其技术创新功能，重点在于充分培养学生创意物化的意识和能力。学生的创意物化能力不会凭空产生，它必然是建立在对其他知识的深入学习、领会的基础之上的。纵观人类历史上的每一次劳动工具的变革，都与当时科学知识的突破和创造性应用有着非常密切的关系。没有相应的科学知识，仅靠个人一厢情愿的劳动热情，是很难实现劳动工具的革新，进而实现劳动的进步的。因此，只有当代劳动教育比任何一个时代都更加紧密地与德智体美其他四育结合在一起，才能确保劳动创新有必要的知识前提，否则，劳动教育就很难发挥其推动科技进步的功能。

二、劳动教育的制度认同功能

劳动不仅是一个事关物质、经济层面的问题，更是一个事关社会公平正义的制度问题。有研究者指出：劳动范畴的辩证运用不仅构成了马克思历史唯物主义的理论骨骼，而且是其历史唯物主义关于社会存在和社会意识的辩证关系、阶级和阶级斗争、国家和社会革命等重要原理的逻辑展开。因此，劳动教育之于社会，就不仅是一种器物层面的价值关系，更是一种具有制度意蕴的价值关系。尤其是在当前这样一个日益复杂的劳动世界面前，劳动教育更应充分发挥其积极的制度认同功能。

(一)日益复杂的劳动世界

相比于过去的劳动，当代劳动的复杂性日益增强。这一方面表现为基于劳动分工的整个社会分工正向纵深发展，另一方面则表现为以劳资关系为核心的劳动制度的变化。这些变化必然会对新时期的劳动教育提出新的价值期待。

在传统的自给自足的小农经济时代，个体在基本的生活需要方面几乎不用依赖他者的供给。在这种情况下，整个社会的劳动分工并不充分，基于劳动所形成的社会关系是相对简单的。人与人之间的关系从本质上讲是一种"机械团结"，即社会的团结是建立在社会构成要素之间的彼此相似或相同的性质基础之上的。也就是说，人和人之间更多是通过彼此共同的血缘纽带、精神信仰等的一致性而团结在一起，而不是依靠人与人之间的功能互补性共同生活的。这样一种社会团结方式就决定了个体劳动更多的是一种"为我"的劳动，因而其所产生的社会影响范围是有限的。在这样的社会背景下所进行的劳动教育，只需要重点考虑其自我的谋生价值即可，不需要考虑个体劳动的社会意义。

随着生产力的不断提高，社会分工日益精细，当代社会的劳动分工已经不仅是超越一个经济单位的社会范围的生产分工，如社会生产分为农业、工业等部门的一般分工；而这些大的部门再细分为重工业、轻工业、种植业、畜牧业等产业或行业的特殊分工。

由此可见，当代社会的劳动分工与过去社会相比已经发生了深刻的变化。在这种情况下，人与人之间的团结方式也由过去的"机械团结"走向"有机团结"，即社会成员在活动层面的分工合作（互补性）和意识层面的共生性，分工使交换成为必然，交换使行动者在功能上互补，在意象上共生。分工不仅成了社会团结的主要源泉，同时也成为道德秩序的基础。具体而言，分工使得每个人都将自己社会生活的一部分（甚至是绝大多数）交付给他人，个人利益只有通过一种与他人合作的社会性方式才能得到满足。在有机团结的社会中，人与人团结在一起的基础不是彼此的相似性，而是彼此的差异性。在这种情况下，人和人之间的团结是一种功能上的互补。即个体的劳动不仅指向个人生活的需要，还承担着非常重要的满足他人需要的功能。因此，当代的个体劳动所具有的社会影响就完全超出了个体的劳动范围，而会给他人的切身利益带来深远的影响。

当代劳动世界的复杂性除了表现为分工的细化所带来的人与人之间利益关系的复杂性外，还有一个非常突出的现实表现就在于劳资关系的复杂性也空前增强。虽然社会主义制度的建立为我国劳动者基本权益的实现提供了坚实的制度保障，但是不容忽视的是：中国当前还处于社会主义初级阶段，整个中国社会生产力的发展还不够充分，社会财富还不够丰富，劳动者在不同职业之间的自由流动还不够充分，体力劳动和脑力劳动的分离依然不同程度存在。这一切都表明，在社会主义初级阶段，劳动对于劳动者而言，还具有不同程度的压迫性。只有在迫使个人奴隶般地服从分工的情形已经消失，从而脑力劳动和体力劳动的对立也随之消失之后；在劳动已经不仅是谋生的手段，而且本身成了生活的第一需要之后；在随着个人的全面发展，他们的生产力也增长起来，而集体财富的一切源泉充分涌流之后——只有在那个时候，才能完全超出资产阶级权利的狭隘眼界。这就使得当前中国的劳动关系呈现出明显的多元化特征，既包括劳动者与国有企业、集体经济之间的关系，也包括劳动者与私营经济、个体经济、外资经济等经济实体的关系。在这种情况下，劳动与资本的关系会存在诸多不和谐的可能。比如，在社会财富的分配中存在的"强资本弱劳动"的现实问题。如何引导学生更好地理解这些劳动世界的真实社会问题，毫无疑问，也是当代劳动教育必须高度关注的重要议题。

(二)劳动教育与制度认同

如果说在传统社会，劳动更多的是关乎个人利益的事情，那么，在这样一个分工细化的时代，劳动则具有突出的社会意义。现实中存在的诸多劳资关系问题，也会深刻影响学生对我们国家制度的认同。因此，当代劳动教育必须着力考虑其在学生制度认同方面的积极作用。这实际上要求，劳动教育必须增强其思想含量，要能够为学生理解劳动世界提供必要的世界观和方法论。

长期以来，人们对劳动教育理解最大的偏颇就在于，认为劳动教育主要是劳动的事情，因而将劳动教育降格为简单动动手，流流汗。实际上，劳动有着非常鲜明的社会特性。过去的劳动教育更多强调的是人通过劳动实现自然物的对象化，却在很大程度上忽视了对人在对象化的劳动实践中进行有意识的、具有教育性的价值引导。如果说，这种"低思想含量"的劳动教育在生产力落后、劳动世界简单的社会尚且具有其存在的合理性的话，那么，在当前复杂的劳动世界面前，这样一种过于技术化的劳动教育显然不能很好地满足当前社会发展的需要。

对于当代劳动教育而言，要增强劳动教育的思想含量，重点在于帮助学生理解资本主义和社会主义制度下劳动的社会属性的不同，进而能够在比较中获得对社会主义优越性的理性认同。社会主义制度下所存在的劳资问题与资本主义制度下所存在的劳资问题，就其表现形式而言具有较大的相似性，但是二者实质上是截然不同的问题。在资本主义社会，劳资问题的产生源于私有制,本质上是一种阶级对抗关系。但在社会主义制度下,劳动者作为国家主人的地位是受宪法保护的。当前所存在的诸多劳资关系的不和谐问题,主要是由于我国现阶段实施的以公有制为主体、多种所有制经济共同发展的经济制度在实践的过程中还存在不完善、不健全的地方引起的。因此,二者的关系不是一种阶级对抗的关系,而是劳资双方在追求各自利益诉求方面存在不一致的关系问题。这一问题的解决,主要是通过不断变革和完善相关的制度来实现的。

实际上,党和国家高度重视劳资关系问题。要求坚持多劳多得,着重保护劳动所得,增加劳动者特别是一线劳动者劳动报酬,提高劳动报酬在初次分配中的比重。可以说,在社会主义初级阶段,劳资关系存在不和谐关系是一个客观现实,但这一问题必然会随着社会主义经济制度的不断完善得以逐步解决。

当代劳动教育如果不能就以上问题对学生进行必要的引导,学生就容易被事物的表象所迷惑,进而动摇其对社会主义制度优越性的认识。因此,当代劳动教育需要突破过去主要聚焦于从生产力的角度来看待其与社会发展关系的局限,自觉将劳动教育与制度认同结合起来,从而彰显劳动教育对于社会制度建设的积极意义。

三、劳动教育的生态文明价值

劳动是人类生存的第一前提。动物仅仅利用外部自然界,单纯地以自己的存在来使自然界改变;而人则通过他所做出的改变来使自然界为自己的目的服务,来支配自然界,这便是人同其他动物的最后的本质的区别,而带来这一区别的还是劳动。虽然劳动的目的是"将合目的性的形式赋予对象",是基于外部无机工具与人体的有机器官相耦合而构成服务目的的工具系统,实现自然物质性状的变换过程。但是,劳动却不是一个仅凭人自身就能够完成的活动。劳动就其最基本的形式而言,是人与自然的物质交换关系。因此,人的劳动不仅要体现人存在的目的性,也要充分考虑劳动对象——自然这一世界的内在规律性。如果人在劳动中只考虑人自身的利益诉求,而忽视了自然的承载力,那么,自然必定以自己的方式对人类施以报复。当前,随着劳动工具的不断革新和生产力的不断进步,人类劳动的对象在广度和深度方面已经发生了翻天覆地的变化,人类不再像过去那样受制于"日出而作,日落而息"的工作状态。伴随而来的,则是自然生态破坏的进一步加剧。生态问题已经超出劳动领域,成为一个事关人类生存和发展的重大现实课题。当代劳动教育如果还仅仅从劳动主体的目的性诉求出发,而不考虑其对象约束性,那么,我们的劳动教育将很难回应时代发展的新诉求。

（一）劳动的自然制约性

劳动毫无疑问是人与动物得以相互区别的重要依据。究其原因在于，劳动是一种充分彰显主体能动性的对象化实践活动。因此，劳动中必然包含着人的目的性追求。人在劳动中不仅使自然物发生形式变化，同时还在自然物中实现自己的目的，这个目的是他所知道的，是作为规律决定着他的活动的方式和方法的，他必须使他的意志服从这个目的。但是，这并不意味人的劳动仅仅是一种合目的性的活动，它同时也是一种合规律性的活动。实际上，劳动着的人能够把自然对象和自然力的属性及它们的运动规律纳入一些全新的组合之中，使它们具有全新的职能和作用方式。但是，由于这些只能在自然规律的本体论上不可扬弃的范围内进行，因此，自然范畴的唯一变化仅仅在于它们——在本体论意义上被设定；它们的被设定的存在乃是被纳入其规定作用的目的论设定的中介，这样，从所设定的因果性与目的论的相互交织中同时就产生了一种统一的同质的对象、过程等。这就是说，自然和劳动、手段和目的就形成了某种自身同质的东西：劳动过程以及最终的劳动产物。当前，人类劳动引发了诸多生态问题，一个非常重要的原因就在于：过于高扬了人作为劳动主体对自然的征服，却在很大程度上忽视了自然规律的内在制约性，这必然导致人类对自然界的破坏。

人类进入工业文明时代以来，传统工业化迅猛发展，在创造巨大物质财富的同时也加速了对自然资源的攫取，打破了地球生态系统原有的循环和平衡，造成人与自然关系紧张。在工业化初期，以煤炭为主要动力的大机器生产就造成了严重的空气污染，随着工业化的不断推进，人类对金属、石油、木材、淡水等自然资源的需求越来越大，造成了全球性的生态环境破坏。因此，新时期的劳动教育不能够仅仅从人的主体需求角度来考虑劳动，更需要从对象的承载力的角度来思考人类劳动的活动边界。

（二）劳动教育与生态文明

当前，生态问题已成为一个突出的全球性时代问题。鉴于人类有目的的劳动活动所导致的种种不符合和违背人类生存和发展目的的严重后果，如自然界对人类的报复和惩罚、人类由于过度争夺自然资源而产生的战争和杀戮，如何解决劳动活动中因果性与目的性、合规律性与合价值性的矛盾，便成为整个人类所面临的共同的和首要的问题。这一问题的有效解决，既需要各国通力合作，通过技术革新的方式实现产业结构的换代升级，减少对自然的破坏；同时，也需要劳动教育的积极作为。

作为一种满足主体目的性需求的对象性活动，劳动要做到目的性与规律性的统一。即劳动既需要充分考虑主体的需求意愿的满足，同时也需要考虑对象的特点和内在规律。因为人一旦失去了对象化的前提——自然的存在，那么，人也就失去了劳动的最必要的前提条件。同时，作为自然一部分的整个人类也就丧失了其得以存在的基本条件。因此我们必须时时记住："我们统治自然界，绝不像征服者统治异民族一样，绝不像站在自然界以外的人一样；相反，我们连同我们的肉、血和头脑都是属于自然界，存在于自然界的；我们对自然界的整个统治，是在于我们比其他一切动物强，能够认识和正确运用自然规律。"因此，要确保劳动的可持续发展，就必须有明确的对象意识。只有把对象的属性充分与主体的意愿有机结合，劳动才能够更好地彰显其时代价值。劳动的这一特点就天然地包含了生态文明教育的因素在里边。

长期以来，人们更多的是从主客二分的立场去看待劳动主体和劳动对象的关系，认为劳动对象的价值或者意义仅在于其工具性，因此，认为人可以凭借其主体性对劳动对象进行任意的操作。实际上，人的主体性的发挥是深受对象的可能性的限制的。也就是说，人类设定的目的能否实现，这仅仅取决于在确定手段时究竟在多大程度上把自然的因果性转变成了——本体论意义上的——设定的因果性。目的的设定产生于社会的人的需要；然而，为了使它成为一种真正的目的设定，对于手段的确定，即对于自然的认识，必须达到一定的与这些手段相适应的水平；如果这些手段尚未获得，那么，目的的设定就仅仅是一项乌托邦工程，一种梦想。因此，当代劳动教育必须有充分的对象意识。这种具有对象意识的劳动教育必然要求尊重自然规律，必然要求要采用一种对环境友好的方式来进行生产，而这也就必然会促进生态文明建设的健康发展。

具体而言，当代劳动教育要贯彻"生态正义"原则，最初的生态正义指向的是社会各阶层拥有公平享受环境资源的权利、公平承担环境责任和义务的理念。随着生态美学、环境美学的介入，生态正义以一定特殊性的立场指向了对非人类世界的正义问题的关注。实际上，劳动所引发的诸多生态问题，表面上看是人与自然之间的紧张关系，但背后则是人与人、人与自身欲望之间的利益平衡关系问题。因此，劳动教育要想在新时期发挥其生态文明建设的功能，就要尽可能化解生态危机，就应该从生产方式的角度去审视，要深刻认知只有确保一种生产方式的正义才能在真正意义上实现人与自然和谐共生的生态正义，即在整个生产劳动过程中用符合正义的方式平衡好代与代之间、人与自然之间的利益关系，从而实现包括人类在内的整个生态的可持续发展。

综上所述，在新的时代背景下，社会对劳动教育的价值期待必然会呈现出明显的时代特点。只有将劳动教育与社会发展的需求主动结合，才能够更好地发挥劳动教育的社会价值。

第三章　劳动教育的精神

第一节　劳动精神

一、劳动精神的生成

劳动是人类的本质，是人类社会生存和发展的基础。劳动精神作为一种精神力量，既蕴含文化基因的传统性，又体现与时俱进的时代性，还体现广大劳动者的劳动实践性，是历史与现实、理论与实践的统一。

（一）价值导向：社会主义核心价值观

社会主义核心价值观是当代中国精神的集中体现，凝结着全体人民共同的价值追求。劳动精神是社会主义核心价值观的应有之义，既包含对劳动价值的评价，也包含对劳动的态度，还包含劳动的内容。劳动精神与劳模精神、工匠精神相互包容、相互依存。劳模精神是劳动精神在新时代的生动再现，工匠精神是劳动精神在新时代的进一步升华。弘扬劳动精神对于发挥工人阶级先进性、彰显工人阶级伟大品格、推动工人阶级成长进步、塑造"尊重劳动、热爱劳动、崇尚劳动"的社会文化风气具有重要的理论价值和实践意义。要激发劳动者的劳动热情，鼓励劳动者积极投身中国特色社会主义建设的伟大事业，使劳动精神成为实现中华民族伟大复兴中国梦的精神保障。

（二）文化基础：中华优秀传统文化

劳动精神的形成和发展离不开中华优秀传统文化的深厚滋养。首先，勤劳是中华民族的传统美德。翻开我国古代文学作品，历代文人墨客写下了许多关于古人辛勤劳动的文字。早在春秋时期，便有"民生在勤，勤则不匮"的箴言；东晋陶渊明曾发出"人生归有道，衣食固其端，孰是都不营，而以求自安"的诘问；民间亦有"富贵本无根，尽从勤里得"的谚语。这些诗歌谚语凸显了劳动在人的生存和发展中的重要性，表达了尊重劳动、崇尚劳动的文化传统。其次，以天下苍生为使命是中国传统劳动思想的价值追求。在中国神话故事中，女娲耗费心血炼石补天，大禹治水三过家门而不入，后羿射日救民于炙烤之中，神农尝百草以身试毒等，无不彰显着无私奉献、舍己为人的精神品格，成为中国传统劳动思想的精神标志。最后，讴歌劳动人民是中国传统劳动思想的重要内容。"民为邦本，本固邦宁"凸显的是劳动人民在强基固本中的重要性，"天之生民，非为君也。天之立君，以为民也"体现出以人为本的思想，为劳动精神所继承和发扬。

(三)实践基础：广大劳动者的劳动实践

土地革命时期，党在革命根据地开展打土豪、分田地的革命斗争，极大地激发了农民的耕作热情，解除了制约生产力发展的桎梏。抗日战争时期，党领导抗日根据地人民掀起热火朝天的大生产运动，为化解根据地供需矛盾、赢得抗日战争的胜利奠定了坚实的物质基础，同时也孕育了自力更生、艰苦奋斗的拼搏精神，成为劳动精神的重要组成部分。解放战争时期，党在解放区实行土地改革，"耕者有其田"、按人口平均分配土地等政策的实施，使农民翻身获得解放，极大地提高了农民的生产积极性和革命热情，在劳动人民中树立了"劳动光荣、劳动致富"的劳动观念。中华人民共和国成立后，在党的领导下，工人阶级和广大农民以高度的主人翁责任感和当家作主的地位，在自己的岗位上勤勤恳恳、艰苦创业，以"老黄牛"精神丰富着劳动精神的内涵。改革开放以来，知识分子"成为工人阶级的一部分"，极大地激励了知识分子和脑力劳动者全身心地投入社会主义现代化建设。随着科学技术对生产力推动作用的日益凸显，历届党和国家领导人都将发展科学技术摆在重要位置，激励着成千上万的知识分子以锐意进取、敢于创新的精神勇攀科学技术高峰，献身国家科技事业的发展。"尊重劳动、尊重知识、尊重人才、尊重创造"也成为改革开放以来的时代强音。

二、劳动精神的内涵

人世间的一切幸福都需要靠辛勤的劳动来创造。劳动是一切财富的源泉，劳动赋予人精神特质和价值文化。说到底，劳动精神既是劳动本身，又是对劳动的超越，是对劳动和劳动认知的总和，凝结了人类发展和社会进步的重要力量。

新时代劳动精神展现着新时代砥砺奋进的新风貌，是促进人的全面发展、夺取新时代中国特色社会主义伟大胜利、实现中华民族伟大复兴的中国梦的重要力量源泉。学生是民族的希望和祖国的未来，要努力弘扬劳动精神，将劳动精神转化为青春行动，为国家富强、民族振兴、人民幸福贡献自己的智慧和力量。

（一）崇尚劳动

崇尚劳动是社会主义核心价值观的重要体现和应有之义。崇尚劳动就是崇尚劳动之美、认可劳动者的价值与地位。只有全社会都崇尚劳动，才能释放劳动的价值与魅力，提升对劳动者的认同，为实现中国梦汇聚最磅礴的力量。

我们所处的时代是催人奋进的伟大时代，我们从事的事业是前无古人的伟大事业。一个时代无论处在何种历史方位，一个国家、一个社会无论内外条件如何变化，都应该将崇尚劳动作为永恒的主题，都必须始终关注劳动者在推动国家发展、社会进步和家庭幸福中的主力军作用。反过来，如果不鼓励人民群众特别是青年学子从基础做起、从基层做起，而是任由他们一味追求身份与工作的"光鲜亮丽"，忽略成果背后的辛劳与汗水，中华民族伟大复兴的中国梦就难以实现。倡导崇尚劳动，是因为劳动是一切成功的必经之路。当前中国正朝着全面建成社会主义现代化强国迈进，在根本上需要依托劳动、依托劳动者。把崇尚劳动作为全社会弘扬劳动精神的重要一环，既是对劳动者社会地位的伦理表达，也是对劳动独特作用的权威认定。

（二）热爱劳动

热爱劳动是劳动者对劳动的积极心理态度，是创造众多社会奇迹的劳动者所共有的品质。全社会都要热爱劳动，以辛勤劳动为荣，以好逸恶劳为耻。只有基于对劳动的热爱，劳动者才能最大限度发挥聪明才干，提高劳动效率，进而体会到自我价值实现的满足与喜悦。如果对劳动不能形成由内而外的热爱，劳动就会异化为外在的束缚和枷锁，那人在劳动中必然不是感到幸福，而是感到不幸。人民群众只有坚守热爱劳动的价值观念，继承和发扬热爱劳动的优良美德，才会心甘情愿接受劳动，实现由"要我劳动"到"我要劳动"的转变；才会真心实意地认同劳动，在工作岗位上埋头苦干；才会心无旁骛地埋头劳动，全面提升自身的劳动素养。

（三）辛勤劳动

辛勤劳动强调的是劳动者勤劳而肯吃苦的劳动状态，是中华民族代代相传的优秀品质。任何一名劳动者，要想在百舸争流、千帆竞发的洪流中勇立潮头，在不进则退、不强则弱的竞争中赢得优势，在报效祖国、服务人民的人生中有所作为，就要孜孜不倦学习、勤勉奋发干事。在田间地头，就要精心耕作，努力赢得丰收。在商场店铺，就要笑迎天下客，童叟无欺，提供优质的服务。只要踏实劳动、勤勉劳动，在平凡岗位上也能干出不平凡的业绩。无论人民群众从事劳动的外在环境如何变化，辛勤劳动都是个人追求美好生活、实现人生价值的内在要求和可靠抓手。身处舞台更大、机遇更多、科技更强的新时代，广大劳动者只要勤于奋斗、乐于奉献、撸起袖子加油干，就能开创出人生的精彩事业。

辛勤劳动就是要使劳动成为生命的价值体现，成为生存的基本手段，成为生活的必要内容，长年累月、持之以恒，不放弃、不懈怠，方能一分耕耘一分收获。中国特色社会主义进入新时代，我国的社会主要矛盾已经转化为人民日益增长的美好生活需要和不平衡不充分的发展之间的矛盾。实现中国梦，创造更加幸福美好的生活，任重而道远，需要我们每一个人持续付出辛勤劳动和艰苦努力。

勤劳创业、耕读传家是中国教育的重要内容，"劳"与"学"在历史上从未分离过。5000多年的灿烂文明、辉煌历史，是由世世代代中华儿女的艰苦劳动积累起来的，是劳动的产物和结晶。纵观历史，中国人民的劳动精神与中华民族的文明成果密切相关。劳动是造就中华民族辉煌历史的根本力量，同样也是创造中华民族光明未来的根本途径。

（四）诚实劳动

诚实劳动作为对劳动者在生产生活中的一种工作要求，体现为遵从工作标准、遵循职业要求、遵守法律法规等，是维护社会公平正义、彰显劳动本义、闪烁人性光辉的精神品质。人世间的美好梦想，只有通过诚实劳动才能实现；发展中的各种难题，只有通过诚实劳动才能破解；生命里的一切辉煌，只有通过诚实劳动才能铸就。劳动者唯有诚实守信、脚踏实地、勤恳劳动，才能收获安于内心的劳动成果。我们要传承好中华文化"诚实"这一优秀基因和宝贵品质，让诚实劳动成为全民追求的价值风尚。无论是扎根平凡岗位的一线劳动者，还是身处高精尖技术岗位或管理岗位的高素质技术技能人才，无论投身哪个行业从事什么职业，都应该以诚实劳动为基本准则。对于广大劳动者而言，要牢牢守住诚信做人的底线，践行"诚信"价值观，把诚信作为安身立命之本，始终以诚为先、以诚为重、以诚为美，让诚实劳动成为价值自觉、道德品行和行动操守。要厚植诚实劳动的土壤、净化诚实劳动的环境，在全社会形成诚实劳动的良好风尚。

诚实劳动是辛勤劳动的具体表现。我们崇尚劳动、尊重劳动，更要正确地付出劳动、从事劳动。诚实劳动就是要保持高度的敬业精神，践行各自的职业操守，竭尽其力、竭尽所能，认真地参与每一个劳动过程，负责地完成每一件劳动产品。诚实守信，自古就是中国人"修身、齐家、治国、平天下"的根本。在劳动中，诚实也是最基本的劳动态度和职业素养。"空谈误国，实干兴邦"。实干，就是要脚踏实地地劳动。新时代学生要有吃苦耐劳的品质和脚踏实地的实干精神。

三、劳动精神的弘扬路径

今天，我们比历史上任何时期都更接近且更有信心和能力实现中华民族伟大复兴的目标。要实现中华民族伟大复兴，绝不是轻轻松松、敲锣打鼓就能实现的，全党必须准备付出更为艰巨、更为艰苦的努力，需要全体中华儿女众志成城、万众一心，把一切力量都凝聚起来，把一切积极因素都调动起来，尤其是将广大劳动群众的劳动热情调动起来，这就需要在全社会大力弘扬劳动精神。具体而言，将劳动教育放在首位，培育富有劳动精神的实践人才，营造良好的劳动环境是弘扬劳动精神的重要路径。学校、个人、社会、国家四个链条形成合力，才能将劳动精神融入广大群众的头脑，贯彻到社会实践中，为实现中华民族伟大复兴不断奋斗。

（一）加强劳动教育引导

教育决定着人类的今天，也决定着人类的未来。人类社会需要通过教育不断培养社会需要的人才，需要通过教育来传授已知、更新旧知、开掘新知、探索未知，从而使人们能够更好地认识世界和改造世界，更好地创造人类的美好未来。为了有效推动劳动教育，我们应清醒地看到当前劳动教育存在的问题及其原因，以家庭教育、学校教育和自我教育为抓手，用春风化雨、引导示范等多种方式，将正确的劳动认知、科学劳动方法、高尚劳动精神等传导给广大劳动者和青年学生，使其在今后的劳动实践中更好地发挥自身价值。

1. 发挥家庭的劳动教育作用

家庭是人生的第一所学校。家庭教育发于童蒙、启于稚幼，对孩子的成长具有潜移默化和深入骨髓的终身影响，是人生第一课。家庭的劳动教育对孩子的全面发展也是至关重要的。一个家族能否源远流长、薪火相传的关键因素在于其家族成员能否长期遵循优良的家训、家规、家教来立言立行立身，能否形成独具特色且具有正向感化功能的家风。家风既是一个家庭的精神内核，也是一个社会的价值缩影。每一个家庭的家风都不一样。观念不一样，劳动风气就更不甚相同了。古人云：积善之家，必有余庆；积不善之家，必有余殃。因此，在劳动教育方面，尤其要强化优良家风的育人作用，抵制不良家风的负面影响。以"孝"传家，谨记"尊老爱幼"，用劳动撑起家庭的重担，对父母、对祖国、对生活报以满满的感恩之心。以"读"传家，重视文化，热爱学习。以"勤"传家，懂得劳动才是生活的本色，一切不劳而获、厌弃劳动者的错误想法都应被扼杀在萌芽状态，要爱岗敬业、自强不息。以"俭"传家，鄙夷错误劳动观念，懂得珍惜劳动成果，杜绝奢靡浪费。以"和"传家，坚信家和万事兴，懂得处理各种人际关系，能处理好各类工作关系。

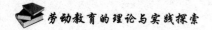

2. 发挥学校的劳动教育作用

劳动精神的培养是实现人的全面发展的基础，是学生自我发展、自我完善的重要途径。学校必须转变传统方法，从办学理念、办学体系到学科设立、专业开设、课程设置等方面来满足学生全面发展和经济社会发展的要求，突出劳动精神培养在整个学校教育中的重要地位，深入挖掘课程中的劳动精神元素，既要加强对马克思主义劳动价值观的解读，更要结合时代特征增加对创新劳动的介绍，并结合中西对比，借鉴国外劳动教育的精髓，对课程进行具体化、趣味化和生活化设计，不断引导学生树立对劳动意义和价值的正确认识，培养学生热爱劳动、尊重劳动、努力向劳动人民学习的思想意识，坚持吃苦耐劳、脚踏实地、辛勤劳动的传统美德，从而提升学生劳动情感的认同度、劳动意志的内化度、劳动行为的一贯性。

3. 发挥自我的劳动教育作用

人之所以成为万物之灵，关键在于懂得对自身进行探索，进而合理表达自身思想、挖掘自身价值。回顾历史不难发现，凡是建立功勋、取得成就的人，无不具有高度发展的自我认识能力。认识自我是一个复杂的过程，需要借助外界反馈的"镜子"，以便更好地观察自己、发现自己、了解自己，进而战胜自我、完善自我。每个人只有正确认识自我，才能为自主学习、自我实践打下基础，因此，认清自我是自我教育的首要任务。每个人应认识自身的特点，每个人只有对自己的性格好坏、品质优劣、体力强弱、情感浓淡有比较客观且清醒的认识，才能选择适合自己的劳动种类，在劳动中尽可能扬长避短，发挥优势。

要加强对劳动模范的感人事迹和优秀品质的学习。劳动模范是各个领域所遴选出的优秀劳动者代表，他们身上承载着"劳模精神""敬业精神""工匠精神"等优秀品质，也折射出从平凡走向不平凡的必备特质和必经路径，既为广大劳动者提供了学习榜样和参照方向，也为广大劳动者在对比差距中找到前行的动力。除了向银幕上的明星劳模学习，也要善于向身边的劳动榜样学习。他们既可以是父母，也可以是手足；既可以是老师，也可以是同窗；既可以是领导，也可以是同事。要善于寻觅和总结榜样的闪光点，从他们身上挖掘可以学习的品质和有益经验。

（二）劳动精神的实践养成

实践是检验真理的唯一标准，也是培养学生知行合一的重要方法。加强学生的劳动实践锻炼，强化劳动精神认同，是促进劳动精神弘扬和发展的重要目标。只有投身劳动实践中，才能真正体会劳动的乐趣，产生情感共鸣，进而才能自觉接受劳动检验，创造劳动价值。

进入学校，学生正处于思考和规划自己的人生道路之际，更应该加强劳动精神的实践养成。首先，学校应注重顶层设计，适当提高劳动教学比重，延长劳动教学课时，增加劳动实践学分，突出劳动精神在整个价值观培育体系中的基础性地位。比如，学校可将劳动精神教育与创新创业就业、传统手工制作等深度融合，提高学生在思维方法与实践操作方面的劳动能力。其次，应加强劳动精神培育的实践基地建设，打造场域资源共建共享模式。就教育主体而言，学校教师要定期组织学生深入田间地头、农家炕头、车间厂矿等校外场域开展调查研究、公益劳动和勤工俭学等活动，特别是高度重视每年暑期学生"三下乡"社会实践活动的劳动教育意义，勉励学生在广阔天地中滋养热爱劳动的情感、诚实劳动的作风、创造性劳动的品质。最后，学校应尽可能多地提供勤工助学岗位，帮助学生在勤工俭学过程中感受劳动之美，从而形成崇尚劳动、尊重劳动、吃苦耐劳的劳动精神。

（三）营造健康劳动环境

让劳动造福社会，让劳动者实现梦想，需要全社会营造良好的劳动环境，创造良好的社会氛围，充分发挥环境潜移默化、陶冶熏陶的正向功能，帮助人们获取劳动知识、提升劳动能力和积累劳动经验，形成正确的劳动意识和劳动习惯。具体而言，国家、社会、学校和个人都要积极营造和谐的社会环境、纯净的网络环境和格调优雅的校园文化环境。全社会要倡导劳动精神，不断探索宣传劳动精神的新模式，营造弘扬劳动精神的时代风尚。

1. 营造劳动至上的社会环境

人的本质属性决定了没有谁是一座孤岛，任何人都不能脱离社会而独立存在，任何劳动者和准劳动者都不例外。尤其是心智尚未成熟的学生，他们的劳动观念和劳动行为不可避免地受到各种社会环境的影响。通过遴选劳动模范以树立榜样，举办活动聚焦主题，加强宣传力度，让他们在无形中接受浸染，形成科学的劳动追求。

树立劳动模范的榜样作用不仅是经济政治建设的需要，更是社会发展的需要，劳模身上所承载的精神和气质，有利于树立鲜明的旗帜方向，引导健康的社会心态，凝聚力量。中国向来重视劳模的选树与表彰。21世纪以来，知识型、创新型、科技型人才越来越多，在劳模评选中的比例也在增大，为不同行业的劳动者树立了光辉榜样。

营造劳动至上的社会环境，需要借助重要的节日契机举办相关的活动，升华主题，加大宣传力度。可采取灵活多样、分期有序、富有特色的宣传方式，统筹网上网下宣传，将理论研究和文艺作品相结合，形成全方位、多层次、立体化的宣传格局。通过电视、网络等途径共同发力，深度聚焦，确保覆盖各个流程、各个环节，通过活动的影响力营造出浓厚的劳动文化氛围。蕴藏于劳动者身上的劳模精神、工匠精神等是民族精神和时代精神的应有之义，是中华民族生生不息的精神动力。通过这一宣传过程，弘扬正面案例，尽早扼杀错误的劳动观，让学生明确意识到自身的职责，让人们从我国优良的传统和氛围中感受劳动的魅力。

2. 打造风清气正的网络环境

随着互联网触角的不断延伸，不少网民在各种匿名贴吧、社交软件中博取关注、放飞自我，在体验网络便捷的同时一定程度上忽视了网络环境的复杂性，为了规避不良网络环境对网民劳动意识、劳动观念的侵蚀，当务之急就是打造风清气正的网络环境。

网络空间是亿万民众共同的精神家园。网络空间天朗气清、生态良好，符合人民利益；网络空间乌烟瘴气、生态恶化，不符合人民利益。随着网络信息更新加快，一些不良网站或个人为了博取关注、赢得流量，在发布内容时，不核实不把关，有的甚至对信息"添油加醋"，这些网络现象所衍生的问题不容小觑。年轻人作为受众，由于社会阅历浅、知识储备少、辨别力较差，更容易被误导。因此，政府、社会和个人都要当好网络安全的"保卫军"。对一些鄙夷劳动和劳动者的言行要勇于"亮剑"，及时纠偏止损，惩戒出言不逊、心怀叵测之人，加强监督和整治力度，坚持广大群众尤其劳模始终是推动我国社会发展的重要力量，是维护社会安定的根本保障。

3. 创造优雅文明的校园文化环境

校园是学生生活的主要场所，校园氛围的好坏对学生劳动意识和劳动能力的培养将产生直接的影响。学校要开展多样化的劳动实践活动，要为学生劳动教育提供硬件设施的支持，营造积极向上的劳动氛围。学校应该从大一新生入学就开始组织自我服务劳动教育。所谓自我服务劳动教育，就是指培养自理，并保持周围环境整洁能力的劳动教育。这需要在校园的日常运行中进行渗透，全面营造校园劳动的氛围。一方面，让全体学生参与校园日常清洁的劳动，因为学校是大家的，每个人都有义务去爱惜它、美化它；另一方面，根据学生不同的兴趣需求，尽可能设立丰富的校内工作岗位，如食堂助厨、宿舍楼助管、图书管理员、助理班主任等，让学生充分参与校园日常运行，教育学生正确看待劳动，培养他们艰苦奋斗的作风。劳动教育活动形式多样化，学生在参与的过程中会收获很多，但在开展活动的过程中需要教育者的正确引导，真正发挥劳动教育的教化作用。

第二节 劳模精神

一、新时代劳模精神的意蕴与价值

劳动模范是时代的先锋、民族的楷模，他们身上承载和彰显的劳模精神一直发挥着引领作用，丰富和拓展了中国精神内涵，充分展现了我国新时代工人阶级和劳动群众的高度自信，已成为社会主义核心价值体系的重要组成部分。进入新时代，我们要深刻把握劳模精神的崭新意蕴与当代价值，大力弘扬劳模精神，推动全社会形成尊重劳动、劳动光荣的良好风尚。

（一）新时代劳模精神的崭新意蕴

1. 劳模精神与中华民族伟大复兴相托相生

实现我们的奋斗目标，开创我们的美好未来，必须紧紧依靠人民、始终为了人民，必须依靠辛勤劳动、诚实劳动、创造性劳动。实现中华民族伟大复兴的中国梦，是中华民族近代以来最伟大的梦想，这个梦想凝聚了几代中国人的夙愿。现在，我们比历史上任何时期都更接近这一目标。我们也要清醒地认识到，在这一伟大征程中，幸福不会从天而降，梦想不会自动成真。如果每一位劳动者都能身体力行，做劳模精神的践行者，做新时代的奋斗者，那么，中国梦照进的现实，正是每一个中国人用奋斗赢得的未来。

2. 劳模精神与社会主义核心价值观相融相通

劳动模范和先进工作者"爱岗敬业、争创一流，艰苦奋斗、勇于创新，淡泊名利、甘于奉献"的劳模精神，生动诠释了社会主义核心价值观，是我们的宝贵精神财富和强大精神力量。劳模精神作为民族精神和时代精神的重要内容，与社会主义核心价值观在文化传承、教育导向、爱国情怀、道德提升等方面高度契合。作为个体，劳动模范以"爱国、敬业、诚信、友善"为行为准则，是个人践行的典范；作为公民，他们以"自由、平等、公正、法治"为社会价值取向，是价值引领的旗帜；作为人民一分子，他们以"富强、民主、文明、和谐"为奋斗目标，将"小我"融入国家发展的潮流中，是价值实现的楷模。

3. 劳模精神与工匠精神相辅相成

就精神载体而言，劳模精神和工匠精神在产生机制、评价标准、时代背景、职业基础等方面存在明显区别。但是，这两种精神的内涵也具有共同特征：都继承了中华优秀传统文化中劳动文化的精髓，具有共同的文化底蕴；都立足职业岗位，取得了突出业绩，做出了重要贡献，具有共同的价值导向；都练就了卓越技能，用个人的劳动实践阐释了劳动的境界，具有共同的价值实现。纵观不同时期的劳动模范，许多劳动模范堪称大国工匠，而今日很多大国工匠也无愧于劳动模范的荣誉称号。劳模精神和工匠精神都是以爱国主义为核心的民族精神和以改革创新为核心的时代精神的生动体现。

(二)新时代劳模精神具有丰富的当代价值

1. 劳模精神凝聚建功新时代的磅礴伟力

劳动模范是"干出新时代"的排头兵，是践行"实干兴邦"的楷模。激励广大劳动群众争做新时代的奋斗者，就是要让实干担当在新时代蔚然成风，让改革创新在新时代焕发活力，让精益求精在新时代落地生根。只要我们持之以恒地弘扬劳模精神，充分调动起广大劳动人民的积极性、主动性和创造性，就一定能最大限度地聚合起人们饱满的奋斗热情，从而为建功新时代、实现中国梦凝聚起磅礴的中国力量。

2. 劳模精神是培育时代新人的重要手段

劳动模范及其精神对个人发展具有榜样示范作用与激励价值。劳动榜样所体现的爱国主义情感、敬业精神、诚善品格，促使广大群众按照劳动模范所展现的美好道德风尚，与自身对照，激励自己成为具有劳模精神的人。

劳模精神有助于培育当代学生的劳动热情、奉献精神、集体意识和正确的就业观念，有助于学生的全面发展。通过对劳模事迹的学习，学生可以明确自身使命，强化责任担当，自觉树立马克思主义劳动观。劳模精神鼓励学生在基层、在艰苦地区创造价值，到祖国最需要的地方去，到党和人民需要的地方去，为实现中国梦贡献青春力量，于平凡中创造不平凡，劳模精神是矫治错误就业观念、岗位观念的对症良药。劳模精神鼓励创造性和创新性劳动，鼓励创业，激发劳动热情与创业实践，创造就业机会。劳模精神不仅强调自己动手丰衣足食的劳动价值，更高扬奉献理想、奉献社会的人生追求。只有把自己的劳动创造服务于人民、服务于社会，才是劳动者追求的终极目标。

二、劳模精神的内涵

(一)爱岗敬业

爱岗敬业就是珍惜、热爱自己的工作岗位，敬重自己的职业，尽职尽责地做好本职工作。爱岗敬业是优秀劳动者对待职业的一份责任，是劳动模范的典型人格特征。

爱岗，是人们对工作岗位的热爱。它是劳动者对自身岗位的认同，是劳动者的价值观、人生目标、性格甚至兴趣偏好等诸多内在因素与工作岗位相匹配时产生的正面情感。

敬业，是一个人对自己事业的尊重。劳动者将事业摆在人生中极为重要和崇高的位置，进而在工作中体现出严谨、努力、守规、务实、求精等品质。一般情况下，一个普通劳动者每年约有 250 天在岗，每天工作 8 小时，生命中的大部分时间都在岗位上度过，仅就时间而言，工作、事业在人生中占据的比重也是极大的。如果我们对自己的岗位认同度不高，甚至在潜意识里有抵触情绪，那么工作将会变为负担，给劳动者带来不良的感受和体验，同时也会磨灭劳动带来的幸福感。工作和事业作为人获得物质回报和价值认同的重要渠道，是个人与社会相联系的纽带，个人通过事业上的努力为社会做出贡献，将受到社会的认同与回馈，从而以更大的热情投入事业中，进而形成良性循环。

(二)争创一流

争创一流是指劳动者通过良性竞争，在技能水平、劳动效率等方面力争第一的志向。争创一流，"争"是积极主动的心态，"创"是过程，"一流"是标准，劳动者经历对比、学习、赶超，不断激励彼此，刷新工作的标准和上限。

竞争意识流淌在每个个体的血液中，人们在生活和工作中都会不自觉地将自己与他人进行比较，树立争创一流的目标恰恰是对这种意识的正面引导。在竞争的过程中，劳动者通过对比不断深化对自身的认识，发挥特长、补齐短板，发现并学习他人的优点，借鉴他人的经验，不断提升个人素养。

对于劳动者而言，只有不断地鞭策自我，促使自己努力提高业务能力和知识水平，并与其他劳动者相互激励，才能发挥劳动者群体的巨大作用，对社会进步做出更大的贡献。

(三)艰苦奋斗

艰苦奋斗是指劳动者在艰苦的条件和环境下，仍然振作精神，与困难不懈斗争的意志。艰苦奋斗的内涵包括四个核心要素：一是忍耐；二是坚持；三是勇气；四是意志。即有以苦为乐的隐忍和耐力、持之以恒的定力和韧性、迎难而上的无畏和顽强、时刻振作的斗志和激情。艰苦奋斗是劳模重要的人格品质之一，是中华民族的优良传统，是战胜困难的力量源泉。

艰苦奋斗的精神一直被国家提倡。虽然先辈面对的困难与挑战主要来源于薄弱的工农业基础和严酷的自然环境，但我们不应在脑海中形成刻板印象，将"艰苦"简单地理解为物质的匮乏和环境的恶劣。在当代中国，基础设施完善、物质保障充裕、产业分工明确、信息渠道畅通，"艰苦"一词似乎不必再和奋斗联系起来。当代劳动者面临的困难不断升级，如承担社会环境压力、直面市场竞争、抵制消费主义侵蚀、应对科技挑战等。新形势下面对新条件、破解新困苦、解决新难题，更加需要劳动者具有艰苦奋斗的精神。

（四）勇于创新

勇于创新是指在劳动过程中锐意进取、直面风险、求新求变的气魄。创新就是利用已有的知识、技能和相应的物质条件，在特定的环境中，对原来的技术或事物进行改进或创造，从而获得比之前更好的技术或事物。在创新过程中，劳动者需要主动打破现状、摧毁旧事物、舍弃旧方法、否定旧理论，承担创新过程中的经济风险甚至是生命安全风险，这需要创新者具备足够的勇气。

只有敢于创新、善于创新，社会才会发展进步。试想，如果人类一直因循守旧，害怕风险和失败，就不会有现如今的现代化社会。比如，"日心说"的确立，前提是否定"地心说"，否定长久以来被人们奉为真理的理论，其勇气可见一斑。再如，航天工程的实施就是伴随巨大风险的科技创新过程，即便是航天科技全球领先的美国也曾发生过多起航天事故，"挑战者"号、"哥伦比亚"号两架航天飞机的事故更是震惊了世界。我国的航天工程同样需要应对各种风险，但如果因为惧怕风险和失败而停止创新，我们就不会见到"神舟"升空、"嫦娥"绕月了。事实证明，只有勇于创新，才能不断地向前发展。

（五）淡泊名利

淡泊名利是指劳动者不将物质回报和声望传播作为劳动的主要目的，将个人价值的实现寄托于劳动的过程和对社会的贡献。淡泊名利是劳动者高尚的人生境界，是其不为世俗名利所左右，专心致志做事，豁然达观地对待人生的态度。需要特别说明的是，淡泊名利与通过劳动获取合理报酬并不冲突，劳动者有权维护自己的合法权益。

当下，大部分劳动者的劳动报酬和福利待遇可以得到一定的保障，重视名利大多是攀比心理所致。保持淡泊名利的心态可以使劳动者不为物欲所惑、不为名利所累，避免因攀比带来失落、困惑、愤懑等负面情绪，可以使其心无旁骛地投入工作和事业中，通过劳动获取成就感和幸福感。

（六）甘于奉献

甘于奉献是指劳动者乐于为国家、为人民付出，不求回报、不计较得失的价值观念。

甘于奉献的观念以淡泊名利的境界为基础，以自愿和主动为前提，以家国情怀、社会责任感和担当意识为引领，以追求社会效益、为国为民谋利为目标。甘于奉献的劳动者将个人的付出作为实现个人价值的方式，并在这一过程中收获满足感和幸福感。

甘于奉献的观念是推进文明进步、科技发展的重要动力，也是劳动者自我升华、达到更高层次精神境界的必要条件。人类社会中不存在绝对的公平，如果将个人精力集中在对回报的计较上，就会消耗工作的动力和激情，拖累个人的成长与进步，只有将服务国家和人民作为人生追求，才能有更高的成就。

三、尊重劳模，弘扬劳模精神

劳动模范是民族的精英、人民的楷模，是共和国的功臣。在新的起点上，我们要继续大力弘扬爱岗敬业、争创一流、艰苦奋斗、勇于创新、淡泊名利、甘于奉献的劳模精神，用劳动模范和先进工作者的崇高精神和高尚品格鞭策自己，辛勤劳动、诚实劳动、创造性劳动，努力在全面建设社会主义现代化国家新征程上创造新的时代辉煌，铸就新的历史伟业。

（一）弘扬劳模精神的方法路径

劳模是当之无愧的时代领跑者，既是一面旗帜，也是一面镜子。新时代劳模精神是引领时代新风的精神高地，生动体现了时代精神的精神实质、主要特征和重要内容。弘扬和践行劳模精神，有助于在全社会形成劳动光荣的社会氛围，进一步在全社会凝聚共识、增进团结。弘扬劳模精神需要从以下几方面入手。

1. 坚持科学理论引领，遵循弘扬新时代劳模精神的思想行动指南

新时代劳模精神的历史源流、嬗变轨迹和生成逻辑，深刻揭示新时代劳模精神的理论渊源、历史根据、本质特征、时代内涵和实践价值，对进一步弘扬劳模精神提出了新定位、新任务和新要求。

2. 优化国家顶层设计，构建弘扬新时代劳模精神的立体保障体系

对国家而言，各级党委、政府和工会组织需要站在推进党和国家事业的高度，通过物质层面和精神层面的体制机制、方式方法，重视劳模、关心劳模、爱护劳模、服务劳模，切实体现党和国家对劳模的高度重视、关心支持和真诚爱护；要创新体制机制，采取更多有利于劳模成长进步、素质提升、精神彰显的方式方法，支持劳模发挥榜样功能和带头作用。

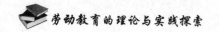

3. 强化社会舆论导向，构建弘扬新时代劳模精神的价值认同体系

要营造社会氛围，在全社会营造崇尚劳动、尊重劳模、热爱劳模、学习劳模的良好氛围；通过加大宣传力度、创新宣传手段、拓宽宣传渠道、丰富宣传载体，培养全社会正确的劳动价值观，让劳动最光荣、劳动最崇高、劳动最伟大、劳动最美丽蔚然成风；讲好新时代劳模故事，加快推进劳模精神进企业、进校园、进社区等方面的工作，使劳模精神融入广大劳动者诚实劳动、勤勉工作的全过程，激发起亿万人民用劳动托举梦想的豪情，汇聚起实现中华民族伟大复兴中国梦的磅礴力量。

4. 创新个体涵育方式，构建弘扬新时代劳模精神的实践养成体系

一是对劳模而言，要加强劳模素质提升和榜样引领作用；要把荣誉作为前进动力，牢牢把握时代的发展诉求，继续成为新时代劳模精神的引领者、示范者和传播者。二是对党员干部而言，要身体力行，从共产党人保持政治本色、保持政治肌体健康、发扬优良作风、自觉抵御"四风"的高度，把弘扬劳模精神融入党性修养全过程。三是对劳动者而言，要在争做新时代奋斗者的过程中学习和弘扬劳模精神，胸怀理想、锤炼品格，脚踏实地、艰苦奋斗，立足本职岗位辛勤劳动、诚实劳动、创造性劳动，干一行、爱一行、钻一行、专一行。四是对青年而言，要在学习生活特别是劳动教育中培育涵养劳模精神。要切实加强新时代劳动教育，强化实践体验，让学生亲历劳动过程，增强对劳动人民的感情，报效国家、奉献社会。

(二)弘扬劳模精神的实践指南

1. 学习劳模忠于人民、挚爱事业的坚定信念

回首过去，"中国奇迹"的创造、"中国震撼"的交响，无不凝聚着广大劳动者的智慧和汗水。劳动模范和先进工作者的事迹，感召了劳动群众，引领了社会风尚，激励每个劳动者人生出彩、梦想成真。伟大的事业需要伟大的精神，伟大的精神推动伟大的事业。只有向劳模、先进学习，把树立远大理想与做好本职工作结合起来，把实现自身价值与祖国需要结合起来，才能谱写好新时代的劳动者之歌。

2. 学习劳模奋勇争先、争创一流的进取意识

实践证明，国与国之间的竞争，归根结底是人才间的竞争。要实现 2035 年基本实现社会主义现代化目标，需要各行各业、各条战线涌现出更多素质一流、专业精深的现代劳动大军，需要我们在振兴实体经济、改造提升传统产业、培育发展战略性新兴产业上多下功夫，进一步加快技术革新、发明创造、管理创新，积极开发新产品、推广新技术、应用

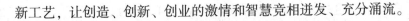

新工艺，让创造、创新、创业的激情和智慧竞相迸发、充分涌流。

3. 学习劳模勇于钻研、无私奉献的优秀品质

劳动者素质对一个国家、一个民族发展至关重要。劳动者的知识和才能积累越多，创造能力就越大。传承和弘扬劳模精神，就是要学习他们专业专注、精准精美的工匠精神，以干一行爱一行、钻一行精一行的责任担当，用精湛技能创造精彩人生。平凡孕育伟大，奉献成就人生。弘扬劳模精神，需要我们在服务社会中实现人生价值，在平凡的岗位上辛勤耕耘、倾情付出，努力在本职岗位上取得实实在在的工作业绩。

劳动铸就辉煌，劳动塑造人生。生活的美好，社会的进步，源于平凡艰辛的劳动。当前，在夺取新时代中国特色社会主义伟大胜利的历史进程中，尤其需要在全社会大力弘扬践行劳模精神，以劳模的先进事迹感动全社会，以劳模的卓越贡献激励全社会，以劳模的高尚情操带动全社会，让劳模精神绽放璀璨光芒。在全面建设社会主义现代化国家、实现中华民族伟大复兴中国梦的新征程上，我们更需要大力弘扬劳模精神、激发奋进力量，齐心协力创造新的伟业、谱写新的辉煌。

第三节 工匠精神

一、工匠精神的时代价值

工匠精神本质上是一种严谨认真、精益求精、追求完美、勇于创新的职业精神与职业道德要求。实现中华民族伟大复兴的中国梦，不仅需要大批科学技术专家，同时也需要千千万万的能工巧匠。工匠精神作为一种优秀的职业道德文化，它的传承和发展契合了时代发展的需要，有利于我国制造业的转型升级，有利于形成尊重劳动、尊重普通劳动者的风尚，有利于增强工人阶级的存在感和影响力，有利于克服社会中弥漫的浮躁风气，形成理性平和的社会心态，对于推动经济高质量发展、实现"两个一百年"奋斗目标具有重要意义。

（一）有助于形成尊崇劳动的良好风尚

弘扬工匠精神有助于形成热爱劳动、以劳动为荣的社会主义价值风尚。人类在改造自然的伟大斗争中，不断认识自然的客观规律，通过在劳动实践中不断积累实践经验与技能，从而推动历史进步和创造更为丰富的社会财富。中华民族伟大复兴的中国梦、人民群

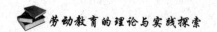

众美好生活需要的满足，都需要通过广大劳动人民的劳动创造才可以实现。

弘扬与培育工匠精神有助于激励年轻人通过劳动实现自我价值和社会价值。个人的诚实劳动不仅可为社会创造物质财富与精神财富，也使人在劳动的过程中实现自我人生价值目标，不断完善自我、提升自我，从而产生劳动的幸福感、愉悦感与获得感，进一步激发劳动者的创造激情，为社会和他人创造更为丰富的财富。这也是新时代工匠精神的体现，即更为强调积极的劳动观念，摆脱劳动过程中的精神压迫感，使劳动活动真正具有创造的乐趣。一切劳动者，只要肯学肯干肯钻研，练就一身真本领，掌握一手好技术，就能立足岗位成长成才，就能在劳动中发现广阔的天地，在劳动中体现价值、展现风采、感受快乐。

此外，工匠精神内含精益求精的品质追求与道技合一的人生境界，有助于培养劳动后备军及劳动者爱岗敬业、精益求精的职业理念与奉献精神。细节和精度决定成败，三峡大坝、高铁动车、航天飞船、大兴机场等大工程无不凝结着现代工匠的心血和智慧。树立在平凡的岗位干出不平凡的业绩、在劳动中体验和升华人生意义与价值等劳动理念是工匠精神所倡导的理念与价值。

（二）有助于我国打造制造强国

工匠精神是制造强国的灵魂。强国必须强质，强质必须有魂；而精益求精、持之以恒、不断创新的工匠精神就是强国、强质之魂。

第一，"工匠精神"作为一种职业精神，是企业员工提升个人精神追求、完善个人职业素养、实现个人成长进步的重要道德与价值指引。尽管现代化机器生产逐渐取代了手工业生产，但是任何一项技术的推广、应用以及价值创造都离不开人的参与。当一项技术能够真正实现精益求精的品牌价值时，必然有无数工匠为之呕心沥血。综观国际上屹立不倒的著名品牌，它们长盛不衰的根源是工匠精神的最终展现。细节与品质成为制胜法宝，立足自身岗位并认真完成每一项工作的细节，便是工匠精神的真实表达，也是社会价值得以体现的职业目标。

实现"两个一百年"奋斗目标，亟须推动我国由制造大国向制造强国的转变，实现从中国制造到中国创造的跨越。而要完成这一目标，急需造就一支有理想守信念、懂技术会创新、敢担当讲奉献的宏大的产业工人队伍，而要切实推进产业工人队伍建设改革，必须大力弘扬工匠精神。企业员工所具有的高尚职业操守和"工匠精神"，同拥有较高专业知识技能一样，是其自身立足职场的重要条件和在未来职业生涯中脱颖而出的制胜法宝。

第二，弘扬工匠精神、提高创新能力，是适应国际竞争、推动中国制造走向世界的重要保障。我国是世界制造业第一大国，在世界 500 多种主要工业产品中，我国有 200 多种工业产品的产量位居世界第一。但总体而言，我国制造业大而不强，实现制造业转型升级迫在眉睫，必须加快经济发展方式转型和产业结构升级，才能在激烈的国际竞争中站稳脚跟，才能推动我国企业走出去。因此，大力弘扬工匠精神，培育出大批大国工匠，全面提升职工素质，已成为当务之急。加快建设制造强国，加快发展先进制造业，关键在于提高创新能力，而工匠精神是助推创新的重要动力。把工匠精神融入生产制造的每一个环节，敬畏职业、追求完美，才有可能实现突破创新。

第三，弘扬工匠精神有助于提升中国品牌国际形象。品牌是企业走向世界的通行证，也是国家竞争力的重要体现、国家形象的亮丽名片。提升品牌形象，要求把工匠精神融入设计、生产、经营的每一个环节，做到精雕细琢、追求完美，实现产品从"重量"到"重质"的提升。弘扬工匠精神，让每个劳动者恪守职业道德，崇尚精益求精，进而培育众多大国工匠，不断提高产品质量，打造更多享誉世界的中国品牌，建设品牌强国。

第四，弘扬工匠精神，是满足个性化、定制化生产的紧迫需要。当前，我国正经历从工业化向信息化时代的转变，快速发展的互联网、大数据、物联网、人工智能技术等正改变着人们的生产方式和生活方式。现代工业的快速发展日益表现出人性化和个性化的新趋势，为工匠精神提供了更为广阔的发展前景。流水线式大批量生产的优势是生产效率高、产品数量多，能够为社会提供更丰富的产品，在社会发展的一定阶段能为人们解决生活温饱问题。但是，机器化生产在达到一定阶段的时候，人们的需求发展日趋多样化，满足人性化和个性化的定制生产也随之增多，而这一点恰恰是传统手工劳动的特点。

批量生产的人性化不足、个性化缺乏难以满足人们日益增长的多元化需求。满足消费者个性化和定制化需求，已经成为企业竞争的"新蓝海"。因此，强调工匠精神也就具有了历史必然性，工匠精神不仅是现实的需要，而且在某种程度上还代表着工业发展的未来。

（三）有助于践行社会主义核心价值观

注重精神追求是中华民族的优良传统。工匠精神所蕴含的敬业乐业的职业理念、诚信劳动的价值观与社会主义核心价值观对我国公民个人的精神品质与精神道德的要求高度一致。培育与弘扬工匠精神有助于学习与领悟社会主义核心价值观的精髓，并在行动上践行社会主义核心价值观的要求。

弘扬与培育工匠精神，是人们内心遵循的职业观和价值观的体现，是一个民族对待工作态度的体现。弘扬社会主义核心价值观，应该充分弘扬传承至今的"工匠精神"，让每

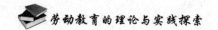

一个人在工作中都能够精益求精地对待工作，提供更好的产品以及服务。

工匠精神是一种劳动精神，是一种劳动者的精神，它体现了劳动者的价值，对于纠正当前一定范围内存在的轻视劳动特别是轻视普通劳动者的不良风气具有重要的意义。现代的大国工匠不再是传统的手工匠人，而是现代大工业中的技术工人，是产业工人的一部分，他们身上体现出来的现代工匠精神，是工人阶级新面貌的体现。由此，培育和倡导工匠精神可以使全社会认识到工人阶级的先进性，认识到工人创造的精神价值。

二、工匠精神的内涵

工匠精神必须与时俱进，富有时代内涵，在传承传统工匠精神优秀品质的基础上持续发展。当代中国工匠精神是在充分适应现代生产力和生产关系的基础上生发出的一种精神气质、道德要求及价值取向，且与社会主义核心价值观所倡导的爱国、敬业等价值观具有统一性。这种时代风貌和文化内涵不仅对中国进一步提升劳动者素质、实现高质量发展大有裨益，也因其先进性和实践性而具有世界意义。

（一）执着专注

执着专注是工匠最显著、最可贵的行为特质，体现的是工作者的敬业精神。荀子说："锲而舍之，朽木不折；锲而不舍，金石可镂。"业精于一，只有执着专注于自己所专攻的术业，不泄劲，有心劲，几十年如一日地努力，才能成就一番事业。正是坚守"一生只做好一件事"的职业信念，优秀的工匠们才能在自己的职业岗位上持续发力。

执着专注体现的是脚踏实地的实干精神。任何行业的高超技艺都不可能靠运气取得，只有倾注心血靠刻苦钻研才能增长实力，只有慎终如始，坐得住、守得牢，才能做得好。实干兴邦，实现社会主义现代化的宏伟目标离不开务实肯干、干一行爱一行的现代工匠群体的奋斗和奉献。例如大国工匠毛腊生40年只做了一件事——读懂砂子，铸好导弹。在俗称"翻砂"的岗位上，只有初中文化水平的他通过孜孜不倦的学习和埋头苦干，在产品技术改进和研发上屡建奇功，成为我国铸造业的一面旗帜。大国工匠高凤林，30多年如一日从事火箭发动机喷管焊接工作，为练就一双"金手"，吃饭时会不自觉地用筷子比画焊接动作，端着茶缸喝水时就有意识地练习动作的稳定性，这种一门心思忘我工作的状态，生动诠释了执着专注的工匠精神。

执着专注缘于对职业理想和初心的坚守。持续的工作热情必然源自内在的精神动力。一时兴起，不可能将工艺做到极致，只有热爱本职工作，坚持职业理想，才能投入整个身心，以"拼命三郎"的韧劲实现厚积薄发。千万现代工匠坚守职业理想和初心，满怀产业

report国之情，才能扬起高质量发展之帆，筑起强国之梦。

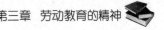

报国之情，才能扬起高质量发展之帆，筑起强国之梦。

（二）精益求精

精益求精体现的是工匠对品质的毕生追求。匠者，精湛极致也。《诗经》中的"如切如磋，如琢如磨"，反映的就是古代工匠在切割、打磨、雕刻玉器时精益求精、反复琢磨的工作态度。优秀的工匠从不满足于已有的产品质量，总是不断寻求技艺突破和品质提高，追求从 99.9% 到 99.99% 的进步。在生产实践中，精益求精是工匠不断打磨产品、精雕细琢、力求完美的过程，是他们追求"没有最好只求更好"的具体表达。

精益求精追求的是道技合一、循美至善的境界。工匠活动集生产与创造、实用与审美、技术与艺术于一体，工匠在手工劳动或技术实践中，也将自己的审美融入产品生产之中，随着技术熟练程度的提高，逐渐达到心手合一、心物相通的境界，使工匠劳动不仅是一种物质性生产活动，更成为一种艺术性生产和展示活动，技术和艺术在工匠追求精益求精的过程中，实现了相融相通。孟剑锋是北京工美集团的一名錾刻工艺师，他在厚度只有 0.6 毫米、横截面 2.5 平方毫米的银片上，经过百万次的精雕细琢，雕刻出每道细纹只有 0.07 毫米的纯银丝巾。在北京 APEC 会议上，各国领导人对此叹为观止。《大国工匠》制片人岳群说："孟剑锋无法容忍机械制造带来的细小砂眼，也不愿违背纯手工的诺言。即使右手被烫出大疱、起了厚厚的茧，也丝毫没有动摇他精益求精、不断超越与追求极致的决心。"

精益求精是我国建设制造强国的基本要求。制造业是国民经济的主体，是立国之本、兴国之器、强国之基。精益求精是以制造业为主的现代工业发展进步的关键。新中国成立以来，我们党在带领人民进行社会主义现代化建设的进程中，传承和弘扬精益求精的精神，取得了"两弹一星"、载人航天等重大成就。当前，建设制造强国，必须继续弘扬精益求精的精神，不断培养"大国工匠"。顾秋亮是"蛟龙"号载人潜水器装配钳工技师，在 48 年工作生涯里不断追求极致，仅凭双手捏捻搓摸和观察，就能判断 0.2 丝的误差，相当于一根头发丝的五十分之一，成为深海载人潜水器领域唯一能实现这个精密度的工匠。"80 后"工匠陈亮，经他手制作出的工业模具，精度可控制在 1 微米之间，他给自己制定了一条工作准则："再仔细一点点，离一微米的精度就能更近一点点。"这些追求极致的劳动者，将精益求精内化于心、外化于行，书写出中国制造的辉煌篇章。

（三）一丝不苟

工匠从细处着眼，于小处见大，一丝不苟体现的是他们对工作的尊重。一丝不苟认真细致的工作态度，对产品的质量乃至一个行业的发展都意义非凡。在细节上没有终点，细节和精度决定了产品最终的成败，1%的疏忽大意就可能导致100%的失败，只有把每一道工序、每一个步骤、每一个环节认认真真、扎扎实实做好、做实、做到位，才能让产品和项目趋于完美。工匠保持一丝不苟的严谨状态，才能对工作细节实现精准把控，为做出精品提供可靠保障。

一丝不苟体现了高度负责、敢于担当的职业道德。工匠的一丝不苟，表现在对每一个数字和标准的严格要求，对"毫厘"的斤斤计较，实质是对工作的高度负责和敢于担当。航天科技集团铣工李峰，高倍显微镜下手工精磨刀具，即使5微米的公差也要"执拗"返工。中国能源建设集团陈远春，数十年累计完成各类爆破任务1.5万余次，保持零事故的骄人纪录。他每次爆破前都反复提醒自己："细节，细节，除了细节，还是细节。"

一丝不苟是注重品牌、塑造品牌的现实行动。优秀的民族品牌是国家实力和国家形象的重要体现。当今世界，品牌的竞争日益激烈。中国制造要实现由"大"至"强"的转变，必须打造一大批有国际影响力和竞争力的民族品牌。品牌离不开品质，品质的提升离不开各行各业劳动者一丝不苟的努力。正是千千万万劳动者一丝不苟做好产品的现实行动，才使得优秀民族品牌不断涌现，走出国门、走向世界。

（四）追求卓越

追求卓越是工匠的职业价值指归。工匠们一生追求卓越，是为了在行业保持顶尖水平。无论是在传统农耕社会，还是现代工业化时代，扎实的专业知识、精湛的专业技艺都是工匠安身立命之根本，不断超越自我、勇攀行业顶峰是工匠的毕生职业追求。

追求卓越需要创新驱动，创新是新时代工匠精神的灵魂。传统工匠强调继承，现代工匠更重视在继承基础上的创新。当前，人类正迈进智能化时代，人工智能技术与制造业加速融合，新一代智能制造将成为新一轮工业革命的核心驱动力。智能制造是人工智能、大数据、云计算、物联网、5G等信息技术与3D打印等先进制造技术的融合发展和集成创新，这种新型工业生产方式对工匠技艺提出了更高的要求。作为第四次工业革命的主要参与者，智能制造也是我国产业升级的重要突破点，这对工匠的创新能力和创新水平提出了更高要求。新时代的工匠只有在创新中才能实现追求卓越的目标，勇于创新、善于创新是新时代工匠精神的灵魂。

三、工匠精神的培育与弘扬

传承好、培育好、践行好、弘扬好工匠精神关乎"中国制造"的生命力和影响力，这需要切实增强传承工匠精神的责任感，需要社会全体成员的积极践行，需要法律法规和相关政策的强有力的保障。

（一）打响"中国制造"品牌

中国制造业要想在日趋激烈的全球竞争中保持优势，必须加快转型升级，以精益求精的工匠精神，努力改善产品和服务供给，提质增效，破解制造业转型发展难题。

1. 加强技能创新型人才队伍建设

创新是引领发展的核心驱动力，是新时代经济转型升级的重要杠杆。当前新一轮科技革命和产业变革与我国加快转变经济发展方式形成历史性交会，国际分工格局正在重塑。产业工人身处生产制造领域的最前沿，是工匠精神的培育者和践行者，是创新驱动发展的骨干力量，是实施制造强国战略的有生力量，对生产制造领域的革新攻关、转型升级起着决定性作用。加快探索产业工人创新的思想路径，不断强化产业工人创新的时代特征，对于强化产业工人的工匠精神培育具有重大而深远的意义。

①要提升产业工人的创新意识、创新技能、创新思维和创新行为，引导产业工人爱岗敬业、甘于奉献，培育执着专注、精益求精、一丝不苟、追求卓越的职业素养。

②要用正确的世界观、人生观、价值观引领产业工人，大力弘扬以精业和敬业为核心的工匠精神、劳动精神，树立辛勤劳动、诚实劳动、创造性劳动的理念。

③需要营造尊重劳动、尊重技术、尊重创新的氛围，凸显高技能产业工人在经济社会发展中的主体作用，形成劳动光荣、技能宝贵、创造伟大的主流价值观，真正把创新精神融入城市的文化血脉、企业思想政治文化建设和职工思想意识形态体系。

④为了更好地激励产业工人搞创新，需要进一步完善以政府奖励为导向，企业奖励为主体，必要的社会奖励为辅的高技能人才奖励体系，不断提升高技能人才的经济待遇和社会地位。

2. 建设新时代中国特色工业文化

"中国制造"并不是以一个整体出现在世界舞台上的，而是以一个又一个企业的形式在世界市场参与竞争。在中美贸易争端背景下，国际环境越发复杂，企业竞争更加激烈，"企业战"即"产品战"，"产品战"即"品质战"。华为、海尔、中国高铁以自己强有力的品质保证，保持海外市场份额居高不下，而过硬的质量和技术又依赖于每个企业、每个企业工人对产品质量的严苛要求，其根本的精神动力就是工匠精神。实施制造强国战略，科技创新是核心，培育和建设中国特色工业文化是基础。培育和弘扬工匠精神，必须加快

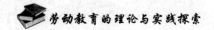

发展中国特色工业文化。

（1）建构当代中国工业文化价值基础

从新时代、新方位出发，总结当前经验，吸收借鉴国外工业文化的有益成分，如德国人的严谨、美国人的创新、日本人的敬业等，强化创新引领，建立新时代中国工业文化资源库，健全工业文化培育标准体系，推动形成具有中国特色、全球视野、世界高度、深厚底蕴深厚、鲜明时代色彩的工业文化价值体系。

（2）提升中国制造品牌建设

以中华优秀传统文化为支撑，以社会主义核心价值观为引领，充分挖掘社会资源，深耕现有品牌，开创高标准新品牌，将更好的、质量过硬的品牌和产品推向国际市场，打响中国制造的知名度，打造具有国际影响力的工业设计集群，培育示范性创新创业区域，支持设立大师工作室，丰富产品内涵，体现产品的人文关怀，创造中国特色、中国风格、中国气魄的中国品牌。

（3）塑造国家工业新形象

在国际市场中积极塑造我国工业的优质、诚信、绿色、创新的新形象，不断提升中国制造的美誉度，形成对中国制造接受、认可并自主宣传的良好效应。这同样需要我们不断优化工业文化发展的外部环境，专注发展，创新宣传，讲好中国工业故事，传播工业文化，展示中国工业新形象。

（二）持续推进工匠精神大众化

在全社会普及工匠精神，营造浓厚的工匠氛围，人人尊重工匠、人人争当工匠，对践行和培育工匠精神是非常重要的，这就需要多方主体协同，全方位、多角度为工匠精神培育提供支撑。

1. 教育养成

学校是教育主阵地，培养着一批又一批中国特色社会主义合格建设者和后备人才。学校注重工匠精神培育，符合我国制造业发展和学生自身全面发展的要求。工匠精神的教育养成是一项系统性、长期性的工程，需要多方协作、联合培养。

（1）将工匠精神培育融入人才培养体系

学校通过将认知与实践相结合，改革现有课程架构和体系，围绕"提升学生专业素养、塑造学生职业道德"的目标，搭建育人平台。探索"工匠精神引领、先进人物主导、专业教师配合、学生广泛参与"的特色育人机制，立足劳模精神、劳动精神、工匠精神，以潜移默化的方式对学生进行培养，并通过专业化、标准化、实践化课程的设计和实施，培养高素质、高技能的专业人才队伍。通过"工匠通识课"或手工劳作课等形式增强学生的实操技能与劳动素养，构建将社会实践和理论学习深度结合起来的"二合一"人才培养模式。

（2）建设培育深耕工匠精神的师资队伍

工匠精神培育落到实处，需要一支高素质的教师队伍。教师自身需要对工匠精神有深刻的理解和体悟，并用自己的实际行动引导学生，使其更好地理解工匠精神的价值与意义。在现有师资队伍的基础上，鼓励、促进教师对工匠精神的研究，整合学校优势学科和研究资源，有计划地选送教师到相关企业或组织接受培训和实践锻炼，实施"引进来"和"走出去"相结合的策略，聘请企业优秀专业技术人才和高技能人才作为专业建设带头人，担任专职、兼职教师。

（3）优化工匠精神的学习载体

首先要打造工匠精神学习资源库，线上线下同步推进学习资料的建设，设立专门的研究项目，整理和编写读本和教材，使工匠精神真正融入教材；持续优化和更新网络教学资源，以便学生随时学习工匠精神的内容实质以及优秀工匠的先进事迹。同时，充分利用图书馆资源和空间优势，在图书馆的特定区域建立工匠文化特色书库，打造工匠文化传承的理论基地，为工匠研究提供信息载体。在校内打造工匠文化长廊专区，把弘扬劳模精神、劳动精神、工匠精神有机融入校园文化建设。收集时代和工匠的劳动事迹、工匠精神的养成经历，分享工匠精神的培育机制的研究成果，通过电子屏幕滚动播放工匠风采。把劳动精神渗透到学校师生生活的每个角落，让工匠文化长廊成为学校厚植工匠精神的一道亮丽风景线。

2. 生活融入

工匠精神存在于工作中，也体现在生活中。要在日常生活中积极探索、发现工匠精神，精心培育、积极宣传、广泛普及。工匠精神的培育必须从生活中的日常行为和对细节的重视开始，比如，在家庭教育中，父母引导子女树立劳动光荣的意识，注重劳动技能养成，让孩子会劳动、爱劳动、认真劳动、快乐劳动，既锻炼孩子的独立性，也为以后的工作生活形成价值导向，在工作中奉献自己的力量。总之，要将工匠精神生活化，强调所有人都应该注重研究，包括家庭教育、学校教育、社会氛围等，反对工作与生活中的"不拘小节"，努力将新时代"工匠习惯"和现代"工匠气质"融入民族基因。

3. 全球视野

工匠精神培育的全球视野之要义在于宣传中国工匠价值观，传播好中国工匠声音，阐释好中国工匠特色。我们可以从两个不同的角度去实践。第一，讲好中国"工匠故事"。第二，利用"全球货物贸易第一大出口国"这一强大优势，以印着"made in China"（中国制造）的优质商品和优质服务为载体，充分发挥我国制造业现有的规模优势、产品生态优势来快速改变世界对中国制造原有的"低端"印象，通过高品质产品的大量出口来塑造我国的工匠形象。从21世纪头十年代起，官方每年评选出十位大国工匠，这些工匠代表着各行各业的精英人才。他们走进人民大会堂，走上领奖台，让更多的人看到他们十年如一日的付出与钻研，也看到他们身上闪烁的工匠之光。这是对人才的重视，更是对工匠精神的传承与弘扬。

（三）筑牢培育工匠精神的制度保障

培育工匠精神，必须重视制度建设，包括法律制度、教育制度等，要以健全的制度体系和良好的制度环境在全社会形成工匠精神培育的深厚基础，让劳动者更加乐业、敬业，让被教育者更加乐学、爱学，在全社会重塑对工匠价值的尊重。

1. 法律制度

法治能够让弘扬工匠精神变得更加严肃而且有据可依，避免市场化"劣币驱逐良币"情况的出现，以免阻碍整个制造业的发展和良好社会风气的形成。要以强有力的法律保障，使得工匠精神培育和弘扬没有后顾之忧，引领企业积极践行工匠精神，不断提升产品质量。

（1）完善产权制度

切实保护相关知识产权和技术专利，对工匠的技艺和成果给予法律上的保护和政策上的支持，构建归属清晰、流转顺畅、责权分明的产权体系，激发劳动者的能动性和创造性。

（2）完善产品质量管理制度

当前中国制造仍处于全球产业链低端，面临制造业升级、产品质量提升等一系列问题，在这种情况下应当推动产品质量标准建设，建立完善的产品质量检测和监管制度，推动中国制造、中国产品等与世界接轨。

（3）完善社会激励机制

为技能人才、科研人才等创造良好的发展环境，激发个体追求卓越、勇于创新的工匠精神。对优秀个人和单位，要物质奖励和精神奖励并重，通过制度建设保障工匠精神的弘扬和培育，营造精益求精、精心制造、爱岗敬业、求真务实的社会文化氛围。

2. 教育制度

工匠精神是一种精益求精、追求卓越的劳动精神和职业精神，工匠精神培育与学校教育、社会教育、公民道德教育等有着密切联系，所以，应将工匠精神培育融入教育体系，提高社会各界对工匠精神的价值认同。一方面，将工匠精神融入价值观教育，建立以精益求精、爱岗敬业等为价值取向的教育制度，为工匠精神培育提供良好的教育制度；另一方面，加强职业教育制度建设，完善职业教育体系。如政府给职业学校提供充分的经费支持，为职业教育发展提供良好的制度保障；改善技能型人才的生存环境，在人才引进、子女入学、劳动就业等方面为技能型人才提供充分的支持。

(四)培育和弘扬工匠精神

工匠精神是一种严谨认真、精益求精、追求完美的精神。当前，我国经济发展正处于转型升级的关键时期，培育和弘扬工匠精神对于提升我国产品质量、建设质量强国和制造强国具有特殊重要的意义。要大力弘扬工匠精神，厚植工匠文化，恪尽职业操守，崇尚精益求精，完善激励机制，培育众多"中国工匠"，打造更多享誉世界的"中国品牌"，推动中国经济发展进入质量时代。培育和弘扬工匠精神，政府、企业与个人应发挥各自作用，齐心协力培育"中国工匠"、打造"中国品牌"。

1. 发挥政府的引导作用

中国自古就是一个具有工匠精神的国家，很多著名工匠名垂青史。但近些年来，在市场经济大潮的冲击下，一些地方和企业存在急功近利的心理，忽视了弘扬工匠精神。在新的时代条件下培育和弘扬工匠精神，政府应采取有效举措加强引导。一方面，应大力倡导尊重劳动、尊重知识、尊重人才、尊重创造的社会价值观。当前，一些地方工匠精神不彰，与一线员工、专业技术人员的劳动得不到应有尊重有关。政府应通过加强宣传，引导全社会深刻认识培育和弘扬工匠精神的重要意义，尊重一线员工和专业技术人员的劳动，形成推崇工匠精神的良好社会氛围；另一方面，应通过完善制度培育和弘扬工匠精神。比如，可以建立健全工匠精神评价机制。政府可以设立与工匠精神有关的奖项，评选奖励一线员工和专业技术人员；在国家层面、地方层面和行业领域组织开展各种生产技能竞赛，引导人们在工作中精益求精。工匠精神与创新精神是有机统一的，工匠精神中蕴含着通过技术改进和创新不断提升产品质量的追求。这就要求政府完善知识产权保护制度，构建知识产权创造、保护和运用体系，严厉打击侵权假冒行为，使创新者的合法权益切实得到保护。

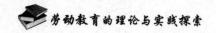

2. 发挥企业的主体作用

企业是市场经济中的主体，培育和弘扬工匠精神，打造更多享誉世界的"中国品牌"，企业使命在肩、责无旁贷，需要发挥好主体作用。如果企业不注重质量，在生产管理中不注重精益求精，甚至通过生产伪劣产品来获取利润，企业员工就不可能在工作中严谨认真、精益求精、追求完美。培育和弘扬工匠精神，首先要求企业实施精细化质量管理，提高质量在线监测、控制和产品全生命周期质量追溯能力。企业实施精细化质量管理，就会倒逼员工在工作中精益求精。其次，企业应建立健全标准化、系统化的培训体系，为一线员工和专业技术人员提供培训和学习机会，切实提高其职业技能。最后，企业应将工匠文化作为企业文化建设的重要内容，激发员工精研生产技艺、不断创新创造的积极性。

3. 发挥个人的主观能动性

对于个人而言，工匠精神体现了对自己所从事的职业的尊重、热爱和坚守，也体现了对消费者、对社会高度负责的态度。一方面，个人应强化责任意识和职业操守。无论是在原材料选取、产品设计环节，还是在生产加工、售后服务环节，都应保持认真负责的态度，坚持高标准、严要求，努力生产出社会需要的产品；另一方面，个人应树立职业理想。"三百六十行，行行出状元"。每个人无论身处何种岗位，都应有追求卓越的理念。对于一线员工和专业技术人员来说，就应树立成为"中国工匠"的职业理想。在工作中应有终身学习的态度和刻苦钻研的精神，不断提升自身的专业技能，在打造更多享誉世界的"中国品牌"中成就自己的精彩人生。

第四章 劳动教育的载体

第一节 劳动教育载体的内涵

"载体"一词最初源于科技领域，指能够传递能量或运载物质的物体。20世纪90年代被引入教育领域，诞生了"教育载体"这一名词，这赋予载体更为广泛的意义。教育载体既可以是存在的一种物质形式，也可以是一系列活动形式的集合。新时代劳动教育载体既继承了教育载体的抽象性和综合性，也充分体现了劳动的实践性和时代性特征，这是适应当前环境变迁的必然要求，也是特定时代发展的必然趋势。

一、新时代学校劳动教育载体的含义

新时代学校劳动教育载体由载体本意起源，在充分吸收了劳动教育的实践特性和互联网、多媒体科技的营养后，发展成为一个综合性的物质文化概念，即承载劳动教育信息内容、支撑教育主客体互动交流体系的一切物质文化的集合。具体来说，主要包含以下四方面的含义。

一是新时代学校劳动教育载体是承载劳动教育信息的物件和活动。这是载体最初的含义，也是载体最朴素、最直白的理解。简单来说，劳动教育载体就是教育主体向教育客体传导信息的媒介。在这个过程中，老师是主体，学生是客体，老师在黑板上书写劳动教育知识进行授课，黑板就是教育载体；老师轻轻举起教鞭示意惩戒，教鞭就是教育载体。更为广泛地来说，教育载体可以是纵横校园的劳动标语，可以是网站里的一段夺冠视频，可以是带去温暖的志愿服务，也可以是某一角落的实习基地等。这些物件和活动，都承载着老师想要表达的劳动教育内容和劳动理念，通过直接或间接的方式传递给学生，完成师生之间的信息传导。长此以往，通过载体周而复始的运动，劳动意识和劳动技能一代代传承下来。无论环境如何变迁，载体作为信息传递这一基本含义不会变。

二是新时代学校劳动教育载体是凝结劳动精神的文化成果。随着育人活动的不断深化，各种载体形式被开发出来，尤其是在学校，拥有包容、开放的文化环境，越来越多的教育者走出课堂，通过组织丰富多彩的实践劳动让受教育者感悟劳动意识、磨炼劳动品

质、获得劳动技能。每一个劳动育人的实践，都会附上鲜明的劳动色彩，大至创新创业比赛，小至日常卫生打扫，都重点体现一个"做"字，言下之意，劳动育人重在实践，通过在做中学、在做中练，培养良好的劳动习惯，形成正确的劳动价值观。伴随着参与者的劳动反馈，活动本身也在不断更新完善，逐渐汇聚吸收各类劳动意识成为一种文化成果。例如建立一个创新创业基地，为有志青年提供基础设施和项目支撑，随着基地的不断发展，优质项目不断产出，基地这个载体会变得鲜活起来，成为踏实肯干、奋发图强等劳动精神的示范性基地，形成榜样力量，其培养模式也会成为劳动教育的实践方法论，并在不断反复实践中进一步提炼，形成更多丰硕的成果。

三是新时代学校劳动教育载体是提供互动交流的平台。新时代背景下，网络进一步加速扩容，信息流转便捷性、即时性、互动性大幅增强，微信公众号、微博、视频直播等更具有互动特点的新媒体载体走进教育领域，形成了一个个交流互动平台，将信息传播渠道由原来的单边桥变成了双向互通的八车道，极大地扩展了主客体的接触机会和互动范围。通过微信、微博等载体之间串联互通，共同构建一个多对多的散点式互动教育大平台，为主体、客体、载体三者的转化提供了条件。你可能前一秒作为主体引发了垃圾分类的话题，之后开始转变为客体吸收其他人阐述的观点和素材，紧接着又因转发一段你极为赞赏的表达，从一个客体转变成为载体去传递信息，主体、客体、载体三者通过平台随时随地转化、充分融合，进一步推动劳动教育的发展。

四是新时代学校劳动教育载体是决定教育成效的关键因素。在学校这个特定环境中，教育资源丰富、思想文化活跃、创造氛围包容，劳动教育载体取得了形式上的极大突破，使得客体更多是被载体所吸引，主体本身对客体的影响力在下降。过去老师的影响力大，学生会竞相选择名师，现在学生的第一选择会更多考虑载体因素，即优先选择更喜欢的上课形式、实践的方式。因此，教育是否能取得成效将很大程度上取决于载体的选择。一个好的载体不仅能改变客体的受教选择，还能逆向作用于主体，改变主体价值观念，并串联好劳动教育各个要素，推动整个劳动教育体系的协调发展。

二、新时代学校劳动教育载体的特点

新时代学校劳动教育具有多样性、承载性、便捷性、实践性的特征。

多样性特征。劳动教育载体是劳动教育的信息依托，是教育信息传导的手段和方式，会随着科技进步和时代发展产生显著的变化，新时代学校劳动教育载体生长在科技迅猛发展、文化包容开放的时代，注定会拥有百花齐放的结果，传统的课堂、报刊、广播、网页、教育基地等载体依然在熠熠生辉，新兴的微博、微信、直播平台也已经形成规模，教育载体不断在吸收科技文化的力量，展示出丰富多彩的一面，并随着社会发展不断地壮大，呈现出更多的可能性。具体来说：一是传统载体的多样性呈现。传统载体在经历了长期发展和演化后，已经形成了包罗万象的种类形式，有传统的课堂授课，有正式的会议，有丰富的党团活动，有博学笃行的校园文化，凡是一切可以用来传导劳动理念、培养劳动技能的形式，基本已经被纳入了教育载体之中。而且传统载体发展时间长，有深厚的积淀，对较晦涩的教育内容适应性更好，能够挖掘出多层次含义，展现更多的表现形式。二是新媒体载体的多样性呈现。随着网络数字技术崛起，网络空间被无限放大，信息传导无限加快，借助移动终端向用户提供信息和服务等新的传播形式出现。新媒体不需要固定的场所和特殊的设备，只要一部能连接网络的机器，就可以让一段话、一张图、一段视频、一个热点成为载体，传达劳动理念，达成教育目的。新媒体的无门槛进入机制，极大拓展了载体的形式，让万事万物变成优秀的载体成为可能。三是新载体和传统媒体结合的多样性呈现。在新时代下，传统载体需要改变形式来适应，新载体也需要回归内容来沉淀，新老结合、各取所需是当前的最优解，具有无限的潜力。电子图书、网络课堂、贴吧讨论等一批结合产品已经走进我们的生活，原本枯燥的阅读在配上了旁白和动图之后，就像是看了一场电影；原本拘谨的课堂发言在隐匿了对象后变成了自由思想的广泛碰撞，这些有益的结合，摒除了传统载体的刻板，也弥补了新载体的空泛，形成了一大批新的载体，创造出更多的可能性。

承载性特征。教育载体，重在一个"载"字，只有承载了教育信息和要素、形成一个完整体后，载体才能称为教育载体，这是教育载体最本质的特点。劳动教育载体也是如此，在被充分赋予劳动理念或劳动技能信息后，连接劳动教育的主客体，传达给客体其所蕴含的劳动意识或劳动技能，同时反馈给主体教育的成效。载体装载信号就像是计算机程序一样，是一切工作的前提，计算机没有编程就无法使用，载体没有携带教育信息就无法进行下一步。因此，承载性是学校劳动教育载体的重要特性。具体来说，包括物质的承载性和精神的承载性。物质承载性是指载体能够在现实中满足容纳物质的能力。承载最开始就是物理承载，大多出现在传统的劳动教育中。例如我们需要上一堂劳动课，首先我们需要找一间教室。在这次教育中，我们和同学们是教育的主客体，教室是这次劳动教育的载体，教室需要能够实际容纳全体师生，同时还要配有正常的教学设备才能完成授课，这就要求载体必须有足够的空间来承载实际物资，也就是载体的物质装载性的体现。随着社会不断发展进步，载体的表现形式在不断更新，其承载的能力和范围也在不断扩大，载体承载的不再是单纯的物质，而是逐步延伸到了精神领域。每年我们都会组织创业大赛，通过模拟情景进行创业比拼，激发大家创业干事的激情，让"大众创业、万众创新"的理念深入人心。在这里，整个创业大赛被看成了一个载体，它被赋予了积极创业的劳动精神，参赛选手和观众通过比赛，感受到了其中蕴含的真谛，使得宣传劳动理念的教育目的得以实现，展现了学校劳动教育载体的精神承载性。

便捷性特征。新时代下在开展劳动教育的过程中，线上教学载体是一种不可或缺的载体，并由于它的便捷性被学校师生所喜爱。随着时代的发展，线上媒体工具在学生群体中日益受到青睐，如网课、微课、QQ 群、微信公众号、微博等工具广泛应用，成为学校开展劳动教育的重要手段。线上教育载体在劳动教育方面具有很强的优势：传播的速度快、内容多、覆盖广；形式新颖、渠道多元、易于操作，因而受认可度比较高、教学效果好。可以说，线上劳动教育载体的超时空性使劳动教学活动具有无限的延展性。线上载体超越了空间的限制，使师生之间能够随时随地实现沟通、互动，打破传统上必须在教室内实现讨论、交流的束缚和界限，使劳动教育更具便捷性，能够达到无限分享、及时交流、灵活互动的效果。

一是劳动教育网络载体能够分享海量信息，使知识获取变得便捷。相对于以往学生需要一本一本查阅书籍、聆听报告会、收听电视节目才能获取有用知识的单向传输载体来说，线上劳动教育载体能够使教育客体实时获取信息，只须在网络上搜索"劳动教育""劳动知识""劳动理论"等关键词，便可获取教育信息，实时掌握劳动领域里的最新动态和最新研究，第一时间知道发生了什么事情，有什么重大新闻，掌握知识变得无比快捷和方便。二是在新媒体载体中能够线上开网课，打破了空间限制。当线下教学环境中出现了某种不可抗拒的因素，导致师生不能实现面对面教学互动时，劳动教育新媒体载体能够及时"补位"，使教学活动打破空间限制，进行线上教学，确保教育不"缺位"。三是线上载体的实时传输，能够实现教育主客体之间的快速互动交流。在新媒体载体下，教育主体发布一个个信息或者通知，就能在第一时间覆盖到班级内的每一位受教育者，没有时间间隔、无须他人传话，极大地提高了信息流动的速度和效率。同时，教育主客体可以根据自己看到的信息在线上发表评论或提出疑问，大家在线上可以实现交流和探讨，进行互动交流，提升学习的实效性。

实践性特征。劳动教育和其他的教育不同，它不能仅通过理论说服人和书本教导人两种方式，还必须以实践为基础，通过实践来保证劳动教育的有效度，拓展劳动教育的深度。劳动是联系知识与实际的纽带，学生可以通过劳动实践和劳动生活来印证课堂上学过的知识，还可以在具体的劳动中体会劳动的价值和劳动的意义，感悟劳动的快乐和劳动的幸福。因此，劳动教育载体是一个实践范畴，实践性是其重要的特征，具体体现在两个方面：一方面，劳动教育载体是劳动教育实践的产物。众所周知，劳动教育除了课堂知识传授以外，更需要通过志愿服务、社会实践、创新创业、生产劳动、文化活动等形式多样、内涵丰富的实践教学载体来加深学生对劳动含义的理解，激发他们的劳动热情和劳动创造力，而这些具有较强实践性的教学载体是在长期的劳动教学实践中不断衍生与形成发展的。这些实践教学载体是依存于劳动教育实践的，这种依存性表明了劳动教育的实践性特征；另一方面，劳动教育载体直接影响劳动教育实践活动的成效。实际上，劳动教育是一项教育实践活动，其开展教学的成效受到方方面面因素的影响，而教学载体在其中占据了很重要的位置。当选择的教学载体恰当，并且能够得到充分的运用和实施，劳动教育活动就能够取得较好的实效，进而推动劳动教学向纵深发展。反之，如果选择了与劳动教育不相关、不贴切的教学载体，教学效果则难以保证，从而影响劳动教育的实效。总之，劳动教育载体是劳动教育实践活动的要素和方式，其产生以及运用都具有突出的实践性特征。

第二节　拓展符合劳动教育载体的基本要求

我国劳动教育必须围绕当代学生的特点拓展有效的教学载体，努力做到"四个相结合"，把劳动教育的氛围营造好，使得劳动和育人真正地有机统一。

一、坚持灵活性与多样性相结合

教育载体主要分为课堂教学载体和课外教学载体两大类。课堂教学载体从其形式上来看主要是教师主讲，以课堂讲授为主，采取师生问答互动等方式，学生能够通过课堂学习掌握好与课程相关的基础理论。课外教学载体通常指的是在课堂之外所进行的各种形式丰富的实践活动，如文化活动、志愿服务、社会实践等。课堂教学载体和课外教学载体相辅相成，相互补充，相互促进，缺一不可，通过课外载体可以将课堂内学习的理论知识运用到实践中，加深对知识的理解，巩固学习效果。从现状来看，很多学校在进行教育教学时，大部分仍是使用以在教室内上课为主的课堂教学载体，且课堂上教学手段单一，仍然以口头讲述书本知识为主，即使在智能教室内扩充了网络学习资源，也只是播放一下基础性的视频资料，达不到互动交流的效果，与我们所倡导的网络教育载体存在很大的差距。从课外教学情况来看，由于受到经费、人力、场地设施等方面的束缚和限制，仍然无法建立一个完善的课外实践教学体系，形成良性互动的运行机制。这使得不管是课堂教学载体还是课外教学载体，单一化现象比较严重，载体的缺乏、单一导致教学者在开展教学时抓手较少，学习的吸引力和感染力大打折扣。

我们不难发现，在单一的教学载体中，教育者也可以灵活展开，可以采取主题演讲、轮流当老师、小组头脑风暴等形式丰富、方法灵活的授课方式，另外还可将劳动教育融入思政课或其他专业课程中，丰富劳动教育课程内容。虽然载体单一，都是在课堂上，但只要组织形式新颖，参与人员多，气氛状态活跃，仍然能够取得良好的效果。当然，在开展课堂教学载体的同时，也要积极开拓其他多样的载体，如联合其他专业、其他单位共同组织课外活动，组织学生积极参加创新创业竞赛和文体比赛，使学生在比赛过程中培养竞争意识，潜移默化地增强劳动观念，达到劳动教育的目的。这里要注意的是：劳动教育载体的拓展，要把握好多样性和灵活性的统一，要把握好一个度，要在合理范围内实现载体的多样性，优化载体的功能，形成育人合力。

二、寻求理论性与实践性相结合

劳动教育课程是关乎人的劳动价值观念和劳动行为发展的核心课程，立足实践基础，结合时代特征，内化思想观念，注重价值引领，涵养行为习惯。劳动教育课不仅要注重受教育者在劳动理论上做到"知"，也要在劳动实践中落实"行"，只有把劳动理论真正吸收，将劳动知识内化于心，外化于行，坚持理论性与实践性的有机结合，才能保证劳动教育教学取得实效。当前，劳动教育课程不管在理论传授层面，还是实践教学活动中，都存在不到位甚至缺位的情况。一是理论教育系统性不够、深度不够。尽管国内学校越来越重视劳动教育，在各个专业教学里都融入劳动精神、工匠精神的理念，注重培养学生的劳动意识，然而真正开设劳动课程的学校并不是很多，大多都是通过学术讲座形式来实施，学习劳动理论的系统性不够，难以做到入脑入心，缺乏认同感。二是实践教学的拓展性不够。很多学校在组织学生开展劳动实践时，常常是组织学生打扫卫生、捡捡垃圾、搬运东西等，使学生误以为现在所提倡的劳动和过去的劳动一样，仅仅是指一些需要靠体力来付出的活动，而产生厌倦感、乏力感。实际上，新时代的劳动教育可以将劳动与志愿服务、技能竞赛、社会实践、专业实习、科研实践、创新创业等结合起来，通过这些多样化、学生感兴趣的载体来开展，能够有力提升劳动教育的吸引力和实效性。三是劳动教育的理论性与实践性结合得不够。我们知道，劳动教育既要在理念中产生认同，也要在实践中去具体行动，既要用理论来指导实践的开展，也要在实践中不断总结经验，进而形成更加科学的理论总结，理论和实践缺一不可。当前有些理论教育主要通过思政课的渠道加强劳动知识的灌输，却忽视了在实践中去引导学生外化于行，也有只注重搞活动、搞锻炼，为了实践而实践，不注重学生劳动基础理论知识的传授，缺乏知识的系统传授，这样势必会导致劳动实践活动停留在浅层，严重影响劳动教育的效果。因此，要将劳动教育的理论性与实践性相结合，以理论促行，以实践立论，这样才能切实提高劳动教育的针对性和实效性。

从理论性来看，要进一步推进劳动教育课程载体建设，开设劳动教育专门课程，扎实推进马克思主义劳动学说进课堂，强化马克思主义劳动观教育，使我们的学生明白劳动是一切财富、价值的源泉，劳动者是国家的主人，一切劳动和劳动者都应该得到鼓励和尊重；通过开展劳动经典研读活动，引导学生领会"幸福是奋斗出来的"的内涵与真谛，深化学生对劳动本质的理解。同时，要注重劳动相关法律法规与政策教育，培养学生法律思维，具备运用所学知识分析解决劳动问题及处理劳动争议的能力，树立保护劳动者的公民意识和法律观念。从实践性来看，要将劳动教育与学生个人生活、校园生活和社会生活有机结合起来，通过多样化的实践平台，达到丰富劳动体验、提升劳动能力、增强劳动观念、树立正确劳动价值观的目的。在个人层面，教育者要引导学生不仅要注重自身的个人形象、仪容仪表，还要注重整理宿舍内务卫生、实验室桌面卫生等，在生活中的小细节里将劳动精神落地落实；在学校层面，学校要结合植树节、学雷锋纪念日、劳动节等重大节假日，依托学生会、团委等开展形式多样、内容丰富的劳动实践教育活动，将劳动精神、劳动文化、劳动习惯的养成融入各类校园文化活动之中，通过第二课堂载体推出学期劳动实践必修分数、每日劳动任务清单等，在校园内营造劳动最光荣、劳动最崇高、劳动最伟大、劳动最美丽的浓厚氛围；在社会层面，学校要有效拓展校外实践教学载体，依托校企合作、专业实习等社会实践活动开展服务性劳动，提高学生运用专业技能为社会、为他人提供公益服务的能力，在劳动中增强社会责任感。

总之，新时代劳动教育载体的建设要坚持理论性与实践性相统一。既要重视劳动的理论教育，把劳动的核心要义和精髓讲清讲深讲透，帮助学生深刻认识和把握劳动是什么、为什么劳动的问题，使学生懂得劳动的意义和价值；还要重视劳动的实践教育，将理论与具体实践联系起来，这样才能从根本上把劳动教育贯穿始终，做到入脑入心、知行合一。

三、实现线上与线下相结合

随着互联网行业的不断发展，以移动互联网技术和电子信息技术为依托的新媒体技术被应用于各个领域之中，其中教育领域也开启了"互联网+"模式，这有力推动了现代信息技术与高等教育教学的深度融合，为实现高等教育的提质增效提供了有效载体和平台。开展线上劳动教育，教育主体可以运用互联网、多媒体、人工智能等现代信息技术进行教与学的互动，通过 MOOC、微课等形式，录制劳动教育网课视频，通过建立学习交流平台，学生可以反复看、反复学，巩固和熟练相关劳动理论知识，掌握劳动技能技巧，有力提升了学习的效果。此外，互联网本身存在传播速度快、交互性强的特点，教育主体可以在微信公众号、QQ 空间、微博等新媒体平台上发布、转载涉及劳动教育的短视频、劳动模范的故事等，通过更加直观、形象的形式使原本枯燥的理论教学变得生动丰富起来，提升劳动教育的感染力和吸引力，使受教育者随时随地都有兴趣关注劳动教育、参与劳动学习。

然而，我们能够看到的是，随着互联网的不断发展，线上的"网络红人""主播达人"也变得越来越多，且备受大部分学生的喜爱和追捧。由于自身的粉丝基数大，"网络红人"的流量变现显得更加便捷，让学生容易产生一种当下只要"随便说说话、随便拍点照"就能够创造很多收入的错觉，渴望像他们一样实现快速成功，进而忽视了劳动的力量以及奋斗的价值，这种现状会让学生质疑劳动的价值和意义，进而对树立正确劳动价值观产生不利影响。因此，劳动教育者要能够在新媒体平台上占据阵地，实现与学生的对话，随时浏览学生在线上分享的内容，并常态化地对学生关注的相关内容进行评论、互动，对容易影响学生劳动价值观形成的负面动态内容进行及时评析，引导学生转变认知和观念。互联网使每一个人都成为发声的主体，缩短教学空间距离，拉近了师生心理距离，教育者也要尊重学生的主体地位，针对学生出现的某一问题不是一味地指责，而是耐心地分析引导，实现了教育者和受教育者的平等互动交流。

线上教学在师生课堂互动方面既有其得天独厚的优势，也有不可忽视的缺点，会存在部分线上教学课程学生的体验不好、学习走过场等现象，多数学生只是"挂机"，实际上在干与学习无关的事，导致课堂教学效果难以得到保障。因此，劳动教育既要开展线上教育，同时还要开展线下教育，要实现线上与线下的有机结合。线下教育作为一种传统的教学方式，能够实现师生的面对面对话，教育者能够根据学生学习情况及时调整节奏，强化学习纪律，确保学习效果。此外，单一线上的教学只能让学生的学习停留在理论和认知层面，无法在实践中去感知劳动的魅力，也不利于实现师生的互动和情感的交流。核心价值观的生命力在于实践，在于每一个社会成员的自觉行动。一种价值观要真正发挥作用，必须融入社会生活，让人们在实践中领悟它。劳动教育线下教学载体能够使学生参与到劳动实践中来，在实践中感受劳动的精神力量，强化劳动价值观。教育者要紧紧抓牢线上与线下相结合这条主线，实现线上与线下的良性互动，确保劳动教育取得实效。针对线上面临的挑战和痛点，在线下要及时补位，培养学生自觉学习、主动学习的意识，要树立学生努力践行劳动精神、工匠精神的榜样，对优秀学生的优秀事迹进行大力宣扬，邀请劳模进校园讲故事、做分享，使劳动理念深入人心，有力规避线上"快速成功"不良风气带来的负面影响。

四、注重显性教育与隐性教育相结合

我们常说的显性教育，是指通过有意识的、直接的、外显的教育活动，使受教育者自觉受到影响的有形的教育。显性教育是学校开展劳动教育的主要渠道和最重要的方法，教育者通过有计划、有目的、有组织的教育活动，使受教育者在知识、技能、能力和品德等方面得到发展。开展劳动显性教育，是指通过劳动教育课及劳动实践活动等直接形式，引导学生树立正确的劳动价值观，形成尊崇劳动、热爱劳动的自觉意识。一方面，课堂教学作为开展劳动显性教育的重要载体，能够使学生系统地学习劳动理论知识，建立完整、清晰的劳动知识构架，从而形成正确的劳动价值观。因此，要将劳动教育有机融入课堂教学、融入思想政治理论课、文化素质教育课等课程体系，开展以劳动精神为主题的学术讲座等，通过劳动教育实践活动，培养学生的劳动意识，促使学生形成热爱劳动、尊重劳动的良好品格；另一方面，显性教育并不局限于课堂理论知识的传授，形式也可以多样化。例如，利用校园文化载体，将劳动教育渗透在校园文化中，定期开展以劳动教育为主题的线上线下宣传活动，发布"劳模进校园""榜样在身边"等讨论话题；利用校园活动载体，开展手工制作大赛、劳动主题辩论赛、劳动教育知识竞赛、校园美化活动、垃圾分类活动等，增强劳动教育的感染力和吸引力，深化对劳动的认知，从而提高学生的劳动觉悟；利用社会实践载体，开展形式多样的志愿服务活动、勤工助学活动、返乡社会实践活动、专业实习实践活动等，在实践中强化学生的劳动意识，实现劳动教育的知行合一，确保劳动教育的实效性。

但是，值得我们注意的是，显性教育单刀直入，能够系统、直接地向学生传授知识，有利于受教育者知识体系的形成。也正是因为它具有显性的特征，强制性的教育往往会让受教育者产生厌倦，甚至排斥和有抵触情绪。且显性教育多采用灌输的方法，将独特的个体统一对待，忽视受教育者的个性特征，容易造成受教育者在某一方面的特长和专长得不到展示和发挥的局面，失去了表达和展现的舞台，容易引起受教育者的落差心理。而隐性教育，却可弥补显性教育存在的不足。二者之间最大的不同在于：隐性教育通过教育主体对教育目的隐藏，能够巧妙地抓住学生的心理特征，让学生在不知不觉中接受教育、学到知识，且整个过程愉悦又轻松，从而在潜移默化中达到预期的教育效果。正因为隐性教育是隐性的，它通过渗透的方式，在润物细无声中渗透进受教育者的学习、生活的方方面面，容易被受教育者接受，能够使教育效果走深走心走实。因此，在拓展符合新时代劳动教育载体时，既要发挥显性教育的作用，也要发挥隐性教育的作用，要做到显性教育与隐性教育两者相结合，两者同时发力，协同育人。

隐性教育的概念及其相关理论源自隐性课程。在国际课程理论研究中，"隐性课程"已经成为公认的教育术语，并且这一概念的内涵和外延得到了拓展，与之对应地出现了"显性课程"。隐性教育是一种无意识教育，通过环境氛围、人格魅力、情感沟通、人文关怀等使受教育者由非认知心理获得教育性信息，在潜移默化中受到思想观念、道德情操的影响。现代心理学理论认为，人的思想观念是在心理因素作用下形成的，心理因素包括认识、情感、意志、需要、动机、兴趣、能力、性格、气质等，其中需要、动机、兴趣、能力、性格、气质等为非认知心理因素。隐性教育主要经由人的非认知心理发生作用，没有非认知心理因素的参与和促进作用，显性教育就不会转化为人的自觉认识，也就不会有相应的实践活动。所以，隐性教育更有利于个体自觉地进行价值选择和价值认同，增强价值观内化的主体性。更为重要的是，隐性教育对人的影响主要是一种价值性的影响，而劳动教育的深刻内容和精神实质主要是价值性、规范性的理论体系，因此，劳动价值观的传播可以通过隐性教育得以实现。

我们认为，当前学校劳动隐性教育可以从校园环境和教育主体两方面着手。一方面，要给学生创造浓厚的劳动隐性教育氛围，在学校各个教室、走廊张贴"劳动最光荣""劳动创造幸福"等标语，在学生寝室张贴"我劳动，我快乐""我劳动，我光荣"等口号，在实验室楼下悬挂"春种一粒粟，秋收万颗子""幸福是奋斗出来的"等励志横幅，在校园宣传栏制作劳动知识专栏，从而让劳动教育贯穿学生生活的全过程，使其在潜移默化中受到熏陶。另一方面，教育主体通常作为学生的学习对象、模仿对象，其言行举止都备受学生关注，并起到一定的教化作用。要充分发挥教师在劳动教育中的隐性示范作用，教师要从自身做起，为学生树立起尊重劳动、热爱劳动的榜样，推动教师进一步强化育人意识，找准育人角度，提升育人能力，切实让每一位教师成为学生的引路人。通过教师的榜样示范传递劳动的幸福，感染学生、感化学生，从而达到润物细无声的效果。

第三节　劳动教育载体拓展的现实路径

一、丰富学校劳动教育校园文化载体

校园文化是校园在长期的教育、学习和生活中，所形成的一种价值观念、精神支柱、学校传统、行为准则、道德规范的总和，具有导向、教育、规范、激励、凝聚的功能。校园文化中蕴含着学校传统、校训校风、校园环境、制度建设等丰富内涵，同样也是学校开展劳动教育、培育学生劳动价值观的重要途径。因此，在推进校园文化建设的过程中创造出多样化教学载体，有利于劳动教育的舞台搭建，能够进一步拓宽劳动教育的渠道，形成劳动育人的合力。

（一）发挥学校精神载体的引领作用

学校精神不是虚无缥缈、空洞无物的，而是一种无形的力量，会对生活在校园中的每一个人都产生潜移默化的影响。当前，常见的学校精神载体主要包括校史、校训、校歌等。任何一所学校在其长期的办学历史中，都经过了一代又一代开拓者、建设者、改革者的不懈努力，形成了其特有的历史文化。学校在进行劳动教育时，要注重挖掘校史中关于开拓创新、奋力拼搏、自强不息的元素和基因，讲好老一辈典型人物关于奋斗和劳动的故事，并结合新媒体传播、舞台表演、微电影拍摄等手段还原历史，让师生们深刻领会劳动创造历史、劳动开创未来的道理。

校训短小精悍，内容不多却内涵丰富，是学校教学理念、教学历史、教学文化和精神的高度浓缩，对劳动教育的开展具有重要的价值引领作用。因此，学校要注重将劳动理念融入校训之中，开设专题讲座进行校训的内涵解读，让学生深刻感受到校训的深刻意义，以便更好地发挥校训的价值引领作用。

校歌承载历史，凝聚情感，易于传唱。每当校歌响起，校史中那些艰苦奋斗、开拓创新的画面总能浮现在大家的脑海里，也激励着一代又一代的青年学生去拼搏奋进、勇立潮头、自强不息。一方面，学校要精心谋划校歌的创作，要将劳动精神融入校歌中，让歌唱者能够直接感受到催人奋进、励志力行的力量，同时曲调要气势恢宏、激情昂扬，体现出代代师生直面磨难、勇于攀登的奋斗精神；另一方面，要做好校歌的教学和传播工作，要形成各个场合唱校歌的仪式感，在开学典礼、毕业典礼、颁发奖学金等仪式上，都要放校歌、唱校歌，使校歌的旋律和歌词深深地印在同学们的脑海中，在无形中加强劳动教育，发挥隐性教育的功能。

（二）发挥身边榜样载体的示范作用

榜样是一种力量、一面旗帜、一座灯塔，也是一种精神。注重发挥先进典型、身边榜样示范作用，对于加强学校劳动教育具有重要的意义。在我们身边，任何时候都不乏向上向善的动人故事，从全国劳动模范到大国工匠、从身边优秀教师到自强学生，这些榜样的动人故事、励志传奇是开展学生劳动教育最好的生动案例。挖掘榜样的力量、讲好榜样的故事、传播好榜样的事迹，从而引导学生培育勤奋学习、勤于钻研、勤勉敬业的精神，对培养学生的劳动价值观具有重要意义。

一是要在日常的理想信念教育中运用好榜样的力量。把劳模精神融入团员教育、党员教育中，在团员培训、团干培养、入党积极分子和党员的教育之中，运用多种媒体，利用多种形式，广泛宣传身边劳动模范的各种事迹，通过经历感悟、历程回顾、人生心路等交流，让广大青年学子更加深入了解劳模人物、领悟劳模精神，从而更加坚定理想信念。党团积极分子基本都是青年中的优秀楷模、先进骨干。他们在平时的日常生活和学习中都是同学们的模范和榜样，起着先锋模范作用和榜样引领作用，他们的一言一行都能够影响身边的同学。如果他们能够自觉践行劳动精神，在日常学习和生活中艰苦奋斗、吃苦耐劳，就会带动身边更多的同学热爱劳动、敢于拼搏，形成用"优秀"带动"优秀"的浓厚氛围。

二是要让身边的榜样讲好模范的故事。学校辅导员、班主任和任课教师不仅承担着学生的日常管理工作，还是学生思想政治教育、价值观引导的引路人和知心朋友。他们备受学生信任，对学生的影响也很深远。学校每年都会评选出"优秀班主任""优秀辅导员""优秀教师"等一批优秀典型，可安排他们轮流进行故事宣讲，定期开展特色主题活动，提升青年学子对各行各业优秀人物的认同感，树立他们的光辉形象，促进青年学生对劳动精神内涵的深刻认知。通过学生身边的师生讲述身边故事，和学生的交流融通，在言行举止中不断感染他们；将榜样的个人成长经历、人生体验、处世态度、人格品质传递给每一个学生，感染每一个学生，使劳模精神变得不再遥远。

三是邀请劳模进入校园。劳模榜样是综合了多种因素凝聚的光辉成果，平时人们和他们有距离，大多通过各类宣传和材料来认识和了解他们，距离感和概念感比较强。让大众觉得劳模的事迹不可复制，成为一名劳模很遥远。而通过有意识、有针对性地邀请劳模进校园，通过面对面的交流和分享，可以获得更多无法在事迹材料中得到的信息，可以在语言表达、肢体动作中感受到劳模的成长历程，感受到劳模的人格与情怀，感受到劳动的伟大与光荣，增强了对劳动真谛的领悟，实现了榜样力量的熏陶。

参与校园文化活动是学生实现综合素质全面发展的重要途径，为学生提供展现才能的舞台，同时在参与活动的过程中能够使学生实现自我提升。形式多样的文化活动深受学生的喜爱，以活动为载体的教育形式能够充分发挥学生的主观能动性，强化其主动参与学习活动的自觉性，进而提升教育的实效性。

学校应引导开展具有劳动内涵的校园文化活动。一是组织开展与劳动主题有关的演讲比赛、辩论赛、征文比赛等，多角度引导学生树立马克思主义劳动观。对于组织比赛的学生来说，在撰写活动策划、敲定活动方案的过程中能够感受劳动的辛苦，在活动圆满结束后能够体会到付出所带来的喜悦与成就感，这个组织的过程其实也就是一场生动的劳动教育。对于参赛选手来说，在准备演讲比赛稿件、辩论赛辩词、征文比赛文稿时，需要多方搜集有关劳动精神、劳动观、劳模故事等方面的素材和案例，通过不断吸收和摄入有关劳动的知识，才能输出高质量、有核心竞争力的作品，从而获得心仪的奖项。学生备赛是一个内化与外化相统一的过程，能够通过学生自己的努力让劳动理念深入人心。二是开展学生自强之星、学校劳动代言人等评选活动，为学生展现自身魅力和风采搭建舞台，让学生在日常生活、专业学习、学科竞赛、社会实践等方面去下功夫，在不懈奋斗的过程中实现全面发展，从而感受劳动的价值和意义。三是举办与劳动主题相关的文艺晚会、艺术节等，鼓励学生通过编排歌曲、舞蹈、小品、音乐剧等形式，展现出劳动的力量和劳动者的魅力，通过节目的形式将劳动价值观潜移默化地输出，达到劳动教育的目的。

通过开展积分竞赛活动做好日常生活劳动教育。一方面，可以开展"五星级宿舍"评比等活动，从宿舍卫生环境、宿舍文化氛围、宿舍学习成绩等方面对学生进行考核，对宿舍卫生整洁、物品摆放有序、文化氛围浓厚、成绩整体优异的宿舍进行正向积分，实行累计积分达到一定程度可换取证书的鼓励模式，激发学生内心的荣誉感和好胜心，从而通过做好寝室建设工作强化劳动意识；另一方面，可通过组织垃圾分类等比赛提高学生的劳动能力。要求学生按照垃圾分类要求进行垃圾投放，学校在与物业管理员的配合下对学生的垃圾分类情况进行打分，表现优秀的宿舍及个人可累积积分，达到一定标准可以被授予"垃圾分类小达人"称号，用荣誉来规范学生日常行为，激励学生追求进步、扎实劳动。

要利用重大节日开展特色活动深入进行劳动教育。我们知道，节日能够增强人们日常生活中的仪式感，相对于平常的日子来说，在这一天举行庆祝活动或其他形式的活动，容易带给人特殊、深刻的记忆。学校要利用好重要的节日和时间节点，开展与之相关的劳动活动，提升学生劳动的仪式感，从而强化认同和参与。例如，学校可利用学雷锋月活动开展校园清洁、无偿献血等活动；利用植树节、劳动节等重大节日，组织各个班级开展植树、种花等活动；利用父亲节、母亲节、重阳节等开展关爱父母、留守老人，走进敬老院等活动，为有需要帮助人的群体提供服务；在毕业季开展跳蚤市场、公益义卖等活动，在实践中感知劳动精神，收获劳动快乐。

（三）发挥物质环境载体的涵养作用

美丽的校园总是让人心旷神怡，每一个角落都会让人忍不住多看几眼。在校园的各处景观内融入劳动理念的元素，发挥物质环境载体的育人作用，能够让劳动教育达到事半功倍的效果。一是在校园内打造劳动教育文化长廊，在学校主干道旁、校园大广场、田径场、公寓楼中心地等人群较为集中的地方，集中展示劳动理念、劳动标语、劳动模范、劳动事迹等劳动教育内容，增强师生的思想认同感。同时，注重校园内的楼道文化建设，在教学、办公等师生经常出入的场所，以多媒体投放和实物展示等诸多方式来呈现劳模工匠的成长轨迹和成长故事，使劳动精神融入师生们的日常生活，在潜移默化的环境中感受劳动精神。此外，可将学校每年评选出的"优秀工作者""优秀党员""优秀学生""自强之星"等师生的照片制成宣传海报，张贴在文化宣传栏上，增强劳动者的荣誉感和使命感，强化其他人的劳动意识和进取意识，提升劳动教育的吸引力和感染力。

二、拓展学校劳动教育的新媒体载体

"新媒体"是以互联网络为桥梁，以数字设备为终端，利用网络、电子通信和移动通信等技术进行信息传播的一种新型媒体形态。新媒体的即时性、交互性、直观性、共享性给现代信息社会的发展带来了极大的转变，对人们的生活方式、学习方式的变革有重大的影响。随着新媒体不断地革新技术，已经逐渐成为人们日常生活的必需品，也是人们议论热点话题的重要载体。充分借助各类新媒体平台实现高效劳动教育实践已成为时代的选择，具体来说，可以通过以下三种方式实现。

（一）通过新媒体载体创新线上教学课堂

一是打造微课堂。"微课"是以教学时间、内容的短小精悍而著称，以视频为主要载体，采用视频录制或现场直播方式，记录教育者在课堂内外教育教学过程的视频课。微课中老师通常只需要围绕某一个知识点进行深入浅出的重点讲解，课程还附带老师讲课的课件，方便学生清晰明了回顾授课内容。同时还包括了相关课程的其他素材，如课程设计、拓展素材、测试题目、互动点评等多种资源，在一定程度上构建了教学资源微库，将碎片化的劳动知识整合起来，把"教"与"学"灵活地结合起来，有助于提高教育教学的实际效果。学校要利用好"微课"这一载体，通过专业的教学方法对教学材料、教学任务进行分析，把握好教学内容、教学设计、教学方案及教学效果，录制出思路清晰、内涵丰富、表达生动、启发思考的微视频，做到各个环节环环相扣，使受教育者能够有效地吸收视频教学内容。同时，要利用"微课"载体的灵活性、便捷性，第一时间收集学生的学习反馈及学习评价，采纳有帮助意义的建议进行课堂的提升，真正做到活动式教学，大大提高学生的学习自主性和参与性。

二是搭建慕课教育载体。慕课（MOOC）是一种"大规模开放的在线课程"，是新近出现的一种在线课程开发模式，主要以连通主义理论和网络化学习的开发教育学为基础。慕课的覆盖范围非常广泛，它与只有几十个或几百个学生上课的传统课程不同，一门慕课的学习者动辄上万人，最多达到十几万人。慕课具有独特的授课形式，通过网络将身处不同地域、不同文化、不同需求的受教育者聚集到一起，跟随授课者学习相关主题或内容，这种学习方式方法，虽然对学习者本身并没有特殊要求，但学生往往会自主成立网上学习小组，定期参与网上研讨、线上测验等。参与慕课学习，不受时间的限制、没有空间的界限，无论身处何处，只要有一台可以连接网络的电脑，就可以花最少的钱享受一流的课程，因此，慕课是解决当前全球高等教育成本昂贵、教育资源分布不均、自主学习需求旺盛等问题的最佳方案。通过慕课推动劳动教育载体创新发展，是一种行之有效的路径和方法。一方面，基于慕课的开放性和共享性，受教育者能在慕课上学习到不同教师看问题的视角及对某一问题的不同观点和不同声音，能够开拓学生的思维和视野。通过慕课载体，资源不限区域，内容广泛共享，还可以让学习者全方位、随时随地学习；另一方面，慕课教育载体使学习者比在普通课堂更容易集中精力。学习者可以自主选择学习，也可对不懂的地方多看几遍或者放慢学习，个人的零碎时间可以充分利用起来。且慕课证书能够得到学校的承认，故此能够促使学生学习更加自主。

三是运用好直播创新课堂。直播课指的是师生同时在线，基于钉钉、抖音等直播平台开展线上实时网络教学，表现为教师为主讲、学生为听众、师生互动的一种授课模式。直播课不同于其他线上教学课程，不以录制视频的形式进行教学，而是师生同步在线，教育者能通过在线提问、随时点名的方式，掌握直播间内每一位学生的在线情况，能够避免学生挂机、刷课等现象。同时，由于直播间具有刷屏、留言功能，教师进行在线提问时不再拘于某一个学生，全班所有学生皆可通过直播间留言发表个人的观点及看法，有利于教育者精准地把握学生对知识点的理解程度与接受程度，从而把握好教学节奏。因此，直播课也是做好学校劳动教育的重要创新载体。一方面，教育者在进行直播课时，不能像传统课一样采取"满堂灌"的输出模式，自始至终都是老师讲、学生听，这样不仅不能充分发挥出直播课载体的互动性、灵活性，还会使直播课在同学们心里的印象大打折扣。教育者要借助一些与课本知识有关的热点话题，在直播间内引发讨论，让学生主动寻找支持自己观点的理论依据，在互动交流中去强化知识结构，使其变被动灌输学习为主动寻求真知，变不得不学为主动想学；另一方面，教育者要通过不断学习提升自身的新媒体运用水平与技巧，学会使用直播间里的留言、点赞、连麦等功能，并将这些功能当成自己的教学辅助手段去好好利用，通过要求学生留言来进行打卡和回答问题，通过邀请学生点赞来加强互动，通过连麦来实现师生面对面对话，等等，最终多方发力以达最佳的教学效果。

(二)通过在线网站创新劳动教育载体

在线门户网站是具有文化教育、生活服务、旅游娱乐功能的综合性网络互动虚拟平台，同时兼具为广大师生提供平台定制、个人群组、虚拟相册等教育信息网络化的全方位服务功能。搭建在线教育网站开展劳动教育，一方面可以帮助师生实现零距离教学互动，拓展师生的交流、互动渠道；另一方面也可避免线下举办教学活动耗费大量人力、物力、经费，能够方便、快捷、低成本地开展教学交流活动、线上劳动实践活动等。

一是搭建学生劳动教育工作专题网站。网站是我们搜索、获取各类信息最重要、最方便的载体。让学生广泛参与到专题网站建设中来，构建学校、院系、班级（支部）三级劳动教育工作专题网站。在站点设计上，可以设置文件学习、知识传播等专题栏目；在网站内容上，需要选择学生日常学习生活、大学校园文化、人际交往、专业就业、心理健康、娱乐等内容，实现网站建有所用的功能。在建设实施中，突出"生建生用、生建生管"的基本理念，确立工作流程，梳理规章制度，让学生产生建网站兴趣，也提升他们的参与度和成就感，从而在一定程度上培养他们的劳动价值观。同时，网络站点建成以后，积极利用网站，发布青年学生广泛关注的热点信息，帮助他们实实在在地解决难点问题，形成积极向上的正确舆论导向，把劳动教育的内容、要求、目标、主题等贯穿在网络站点建设的方方面面。

二是开设学生劳动教育网络骨干培训班。为了使劳动观在相应劳动教育网络平台上进行宣传推广，可以采用骨干带动的模式，开设学生劳动教育网络骨干培训班。遍邀学校、院系、班级三级劳动教育网络的骨干成员参与其中。在授课方式上可以线上线下相结合。培训班课程设置上，可以扩大到劳动教育相关领域，邀请专家授课，请劳动模范现场分享，让参训骨干深入了解劳动理论，把劳动提升到社会文明的高度，并在日常实践中实施。培训班的组织形式上，可以采用理论与实践相结合，线上线下相同步的形式，尤其是要充分运用网络板块，传输劳动教育视频、资料、时事报道等内容，开通网络互动，让培训班成员能线上充分交流互动，梳理整理好的留言、体会，整理成册后可供学习展示，促进共同提高，形成良好的学习氛围。

三是组建学生劳动教育名师工作室。学生的学习离不开教师的有效指导，学生劳动教育网站的建立也是同样。在网站建设过程中，可以协调劳动教育相关的专家教授参与其中，给予有力指导。特别是校内干部教师应该积极参与其中，促使师生深度交流，为学生解疑释惑。可以组建劳动教育相关名师工作室，根据行业的特点，为学生在对热点问题的认识和劳动观的树立方面提供便利。工作室还可以作为另一平台，吸引更多的青年学子参与劳动教育之中，寓教于室、寓教于网，劳教结合。

（三）通过社交工具构建在线劳动教育平台

随着网络信息技术的发展，网络社交工具也为学校开展劳动教育提供了新的契机。网络社交工具以其便捷性、超时空性、平等性、多样性的特质，牢牢吸引住了当代学生，形成"无人不QQ""无人不微信"的局面。搭建社交工具在线教育平台，运用学生最喜爱的方式开展劳动教育，无疑是提高学校劳动教育有效性、实效性的最好路径之一。

一是运用专属微信公众号开展劳动教育。公众号指的是一种账户管理者可以定时向订阅用户推送编辑文章、专题信息，进行信息的发布与分享的交流平台。后台运营者通过订阅号将信息进行点对点、点对面的直接传播，不仅目标精准、高效便捷，还可以提供多方位的服务和功能。此外，订阅用户的信息接收与分享能够延伸信息的共享链条，通过一键转载分享至QQ空间、微信朋友圈等，将信息传播给更多的用户朋友，省时省力，有效地扩大了订阅号的覆盖面、影响力。学校运用微信公众号开展劳动教育知识普及，要指定特定的机构或者相关教研室老师负责运营，确保信息发布的权威性、准确性，使其有效地服务学校劳动教育的开展。此外，要根据传播内容的特性将平台划分成不同的板块与栏目如劳动模范故事、劳动观理论、劳动技巧、劳动实践活动等，并用学生中流行的"微言微语"结合文字、图片、语音、视频等多种形式互动传播，在充分展示亲和力和感召力中实现劳动主流意识形态、劳动价值观与微信的对接，营造浓厚的劳动主流舆论氛围。同时，可定期举办基于平台的"微访谈""微辩论""微展""微演讲""微咨询"等教育活动，在互动交流中传道答疑解惑，对学生订阅用户潜移默化地产生正面引导和积极的劳动教育效果。

二是通过QQ群构建劳动教育工作平台。QQ是当下学校学生中最常用的交流工具之一，QQ群也成为大家学习交流的重要载体。群主在创建群以后，不仅可以邀请朋友或者有共同兴趣爱好的人到一个群里面聊天，还提供了各项服务，用户可以使用论坛、共享文件等多种交流方式。QQ群的功能强大，免于维护，利用QQ群开展学生劳动教育不用考虑系统的开发与维护问题，便于操作。一方面，要利用群聊、群公告、群共享构建网络工作平台，便于发布信息。特别是在诸如2020年疫情防控等特殊情况下，QQ群等网络媒体便显示了其巨大的优越性和便利性。群聊和群公告由群主掌握，发布的信息简明扼要，传播广泛迅速，能够人人尽知，保证了重要通知、重要信息的及时有效传播，有关劳动教育信息的传播在这方面更有了保障；另一方面，要运用好QQ群的邮件、相册等其他辅助功能，组织学生进行劳动教育的专题讨论，开展主题教育活动。通过群视频模块，老师组织学生即时讨论劳动人物事迹、大国工匠精神等劳动教育专题，再通过群讨论，让青年学生共享劳动资料、共尝劳动成果，引导学生热爱劳动、崇尚劳动、勤于劳动、善于劳动。

三、打造多样性劳动教育实践平台

"纸上得来终觉浅，绝知此事要躬行"。劳动教育仅仅通过课堂教学引导、校园文化熏

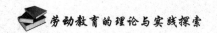

陶是不够的，还需要落实在社会实践中，社会实践是加强劳动教育的重要途径。

发挥劳技中心、学农基地的育人功能。以往由于受到时间、空间、资源的限制以及观念因素的影响，劳动教育实践流于表面，缺乏对"真实"世界的认识与体验，在很大程度上影响了学生劳动意识的培育和劳动行为的养成。从现实情况来看，学生最需要真实的劳动体验，以感受劳动的过程和意义。而走进农场的学习就是最真实的、最接地气的劳动教育，学生通过亲临、亲触、亲做去体悟劳动，帮助学生初步了解职业的特性，让学生在职业体验中感受劳动的魅力，不仅能够增强学生的劳动观念，而且能够培养他们形成一种现代"新生活"的方式，从而拥有创造的能力、幸福生活的能力。一是学校可在校园内打造学农实践基地。从规划上来看，学校可充分利用校园荒地，规划建成"两区两园"学农基地，即"家禽区""淡水养殖区"以及"菜园""果园"。一方面，搭建"家禽区"及"淡水养殖区"，便于学生近距离地观察和接触，通过亲自喂养与养殖，感受劳动生活真实的模样，在劳动的过程中增强认知，提升技能；另一方面，开拓"菜园"和"果园"能使学生种下喜欢的水果、蔬菜种子，如苹果、葡萄、枣子等，亲身的实践能够极大提升学生对劳动课的兴趣，同时在收获的季节看到硕果累累，能使学生真切地感受到劳动的价值。此外，优质的果蔬可作为食堂的原材料进行加工，减轻后勤部门的菜品采购压力，实现自给自足，可谓一举两得。二是成立校园"农耕文化展厅"。通过陈列、展示田间地头收集来的播种工具、灌溉工具、收获工具、加工工具、运输工具等，让学生了解我国农业发展的历程、取得的业绩和将来发展的远景。并通过图文展示农业发展史，相关名人及著作，让学生充分感受农业生产的相关知识，了解农业的发展，懂得农业是支撑国民经济建设与发展的基础，潜移默化地对学生加强热爱农业、热爱农村、热爱劳动人民的教育。

开展形式多样的志愿服务活动。志愿服务活动不以营利为目的，由志愿者发起，旨在帮助他人、服务社会，其核心要义在于服务奉献。学生参加志愿服务活动，不仅能锻炼理论运用能力、与人沟通能力和动手能力，而且能在实践中强化劳动意识和培养奉献精神。此外，在课余时间参加各种公益劳动，通过持之以恒、日积月累的劳动锻炼，可以学会万事从点滴做起，亲身感受劳动带来的乐趣，收获劳动的成功与快乐，营造"会劳动、爱劳动、珍惜劳动成果"的良好氛围。可见，学生参与志愿服务活动对落实劳动教育具有可行性和实用性，能够切实提高服务性劳动教育的实效性。从志愿服务活动来看，学校应充分联动协同工会、共青团、妇联等群团组织以及各类公益基金会、社会公益组织，搭建志愿服务活动平台，支持、保障学生开展志愿服务活动。同时，应同步发挥好校内公益类组织或社团的主导作用，对接学校图书馆、附近社区、附近医院、福利院等单位联合策划志愿服务项目，组织志愿者定期开展公益服务活动，推进志愿服务日常化。此外，学校应立足自身办学特点，结合学生专业创新学生志愿服务活动品牌，以特色优势赋能志愿服务活动。

学校要积极搭建校内校外协同育人的劳动教育实践平台。协同育人是现代高等教育充分利用教学资源提升教学效果的有效育人模式。该模式联合众多优质资源共同发力，为劳动教育的实施保驾护航，实现多赢。劳动教育实践平台的创建主要包含两方面的内容：第一，校内劳动教育协同育人平台的搭建。具体包括整合校内多方资源，努力实现教学工作、学生工作、管理工作的协同，实现教师、辅导员、管理人员和学生的有效协同，改变过去学校各部门、各岗位人员各自为政的局面。学校可以根据学生的专业特点，依托相关校园社团，在学工、团委、资助中心等部门的配合下，开展劳动教育实践活动。例如，现阶段校园教学区和宿舍区的公共卫生等大多数由专业环卫人员或保洁人员负责，其实将类似卫生保洁、餐饮服务等相关生活、生产劳动运用于劳动教育实践教学中，不仅是良好的实践教学内容，更是锻炼学生劳动能力和服务意识的最佳选择。同时学校内部超市运营、机械维修、景观设计、园林绿化等各行各业都是学生生产劳动或专业实训的良好机会。理工科的计算机、电子工程、材料物理等专业的学生可定期帮助全校师生免费维修电脑、开设新型产品技术服务和 APP 研发工作室、举办高科技产品推广服务、创办校园旧物回收公司、开拓二手物品买卖平台等。通过这些实践活动，在与学生息息相关的学习和生活环境中，让劳动教育贴近学生、贴近实际、贴近生活，不仅可以弥补实践活动单一、实施效果不明显的不足，还能激发学生的主观能动性，将"学"和"玩"充分结合起来，让学生在日常生活中真实地体验生产劳动，锻炼劳动能力，磨炼劳动品格，培养学生的社会责任感。第二，校内、校外协同育人实践平台的搭建。劳动教育包括生产劳动教育和非生产劳动教育两种形式，而生产劳动教育需要开展多种渠道的实践活动，仅靠校内实践平台是无法实现的，必须充分利用校外的资源，对多方平台整合，实现协同育人。校内、校外协同育人实践平台构建，通过政府搭台、企业支持、学校对接、共建共享，深化产教融合，促进教育链、人才链与产业链、创新链的有机衔接，以产业和技术发展的最新需求推动学校人才培养改革，形成多方协同劳动育人模式。例如，企业可与学校深度合作，结合学校的人才优势以及企业紧缺的劳动岗位设立勤工助学、创新创业、实习见习岗位，这既解决了企业劳动力短缺的问题，学生也得到了实践锻炼的机会，真正实现了"双赢"。政府要充当"桥梁搭建者"的角色，发挥政策引导作用。政府应不断强化自身责任，将劳动教育置于教育发展的重要地位，不断加大劳动教育政策支持力度，通过平台搭建、信息发布、资金引导等，为学校开展劳动教育做好保障和服务。通过成立"劳动教育联盟"，打造"试点+示范"层级推动的工作模式，推动基础较好、具有特色的区域和学校创建示范，利用第三方组织举办劳动技能培训、劳动用工中法律知识培训，推动建立和完善科学有效的劳动教育督导和评价机制，通过督导和评价的引导，推动劳动教育有目的、有目标、有针对性地开展，使劳动教育朝着积极方向发展。

第五章　劳动教育的主要内容

第一节　劳动价值观教育

一、用劳模精神引领社会主义核心价值观

回顾历史，劳模评选表彰作为我国特有的一项制度，起源于中国共产党在陕甘宁边区时期的劳动生产运动，中华人民共和国成立后该制度得以沿袭下来。"奖励劳动模范和先进工作者"于 20 世纪 80 年代被写入宪法，之后劳模评选表彰逐步发展成为一种常态机制。纵观不同时期劳模的构成、劳模评选标准、评选范围及树立典型，均与当时的生产力发展水平、社会经济现状及劳动价值导向密切相关。在劳模评选制度与时俱进的同时，劳动模范一直是时代先锋，他们身上所承载和彰显的劳模精神一直发挥着引领作用，已成为社会主义核心价值体系的重要内容。

劳模精神反映我国的民族精神和时代精神，与我国提倡的社会主义核心价值观念吻合，有利于我国文化的传承、爱国精神的继承和发扬、道德感的提升，弘扬劳模精神是对社会主义核心价值观的诠释，在学校开展劳模精神建设有助于帮助当代学生树立正确的劳动观念，培养劳动情怀，进行全方面发展，为学生步入社会成为合格的社会主义接班人打好坚实的基础。

(一)劳模精神的内涵演进和内在逻辑

劳动精神由陕甘宁边区举办的劳动英雄评选活动发展而来，其后逐步形成了全国性的劳动模范评选和提倡劳动精神的活动。在发展过程中，一方面，劳动模范工作者的评选随着时代要求的变化进行了相应改变，每个时期的劳动模范工作者都彰显着那个时代的时代内涵，拥有特有的时代元素，劳动模范的评选一直遵循着事物发展的规律；另一方面，评选制度作为时代精神的体现，对广大民众有价值引导作用，在发展过程中劳动模范的引导价值从没有发生改变，可以说评选一直遵循着事物发展过程中的不变的规律。

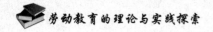

1. 劳模精神的内涵演进

劳模精神是国家先进劳动模范和先进工作者身上具备的劳动精神，随着国家的发展，劳模精神具有的内涵和价值意义也在不断地丰富。劳模精神最初强调努力奋斗、甘于奉献，发展到当今时代，劳动精神加入了创新和工匠的内涵，对于时代的引导意义也变得更加丰富。新时代发展环境下劳模精神是习近平新时代中国特色社会主义思想关于劳动思想的主要组成部分，它深刻地体现了国家的民族精神和时代精神，是中国人民的宝贵精神财富，是对中国特色社会主义价值观念的生动诠释，作为精神力量支撑引领着人民创建伟大的新时代。劳模精神不仅是中国特色社会主义的精神内涵，也是整个时代的价值彰显。

2. 劳模精神的内在逻辑

"爱岗敬业、争创一流，艰苦奋斗、勇于创新，淡泊名利、甘于奉献"构成了劳模精神的丰富内涵。就其内在逻辑而言，"爱岗敬业、争创一流"是劳模的奋斗目标；"艰苦奋斗、勇于创新"展现了劳模的精神风貌；"淡泊名利、甘于奉献"体现了劳模的思想境界，三方面相辅相成、互为补充。"艰苦奋斗、勇于创新"的精神风貌是实现"爱岗敬业、争创一流"的奋斗目标的基础，"淡泊名利、甘于奉献"的思想境界又是展现"艰苦奋斗、勇于创新"的精神风貌的必要条件。这就要求，新时期劳模精神应具有敬业、创新和奉献三方面的特质。敬业是劳模精神的核心，所有劳模应具备脚踏实地、求真务实的敬业精神；创新是时代赋予劳模精神的新内涵，新时期劳模不仅是敬业奉献的"老黄牛"，更应是知识型、技能型、创新型人才的典范；奉献则是劳模精神的主旋律，任何时代的劳模都需要具有默默奉献、勇于付出、不计回报的精神特质。

劳模精神最基本的特点是爱岗敬业，彰显的是对自我职业的热爱，充满了对职业的责任感，具有作为职业主人翁的意识和精神。劳动模范是我们国家优秀劳动者中的模范代表，代表的是创新精神、辛勤劳作的精神、爱岗敬业的精神。劳模走在时代的前列，敢为人先，积极为中华民族实现伟大复兴付出努力，他们不追求名和利、甘心奉献，这是劳模永远不变的精神内涵。虽然时代在快速变化，但是劳动模范的精神和追求不曾发生改变，任何时代的劳动模范都淡泊名利、勇于奉献，他们紧跟党和国家的领导，带领广大的人民群众参与劳动，建设社会主义。

(二)劳模精神与社会主义核心价值观

劳模精神与社会主义核心价值观之间既存在联系又有区别，二者的形成时间不同，形成背景不同，但是表达的精神内涵却融会贯通、相互联系，都是当今时代社会主义建设的主要精神内涵。

1. 劳模精神与社会主义核心价值观有共同文化归属

劳模评选制度自从在陕甘宁边区形成发展以来，通过不断探索和优化形成了完整的评选制度，评选内容包括人员的选择、人员的表彰以及劳动模范人物和精神的宣传与推广。劳动模范的评选制度一直被传承，并且在 20 世纪 80 年代被写入我国宪法。宪法中明确写道：国家提倡评选劳动模范并且对劳动模范工作者进行相应奖励，劳动模范的评选制度将成为我国长期坚持和发展的特色制度。不同的时代劳动模范的评选标准不同，是由时代发展水平和价值取向需要决定的，这体现了劳动评选制度与时俱进的特征。除此之外，劳动模范作为整个时代的劳动楷模，引领着中国人民的发展，他们代表的是我国的价值导向，是我国社会文化的重要体现。劳模精神一直都是社会主义的主流价值观念，是核心价值观念的重要组成部分。

社会主义核心价值观从国家、社会和个人三个层面概括和提炼出了社会主义核心价值的目标，三个层面相辅相成、互为补充，体现了社会主义核心价值体系的根本性质和基本特征，反映了社会主义核心价值体系的丰富内涵和实践要求，是社会主义核心价值体系的高度浓缩和集中表达。它传承着中国优秀传统文化基因，寄托着近代以来中国人民上下求索、历尽千辛万苦确立的理想和信念，也承载着每个人的美好愿景。这一价值观是社会主义先进文化的具体体现，也是中国特色社会主义文化的实践成果。

中国特色社会主义文化，源自中华民族 5000 多年文明历史所孕育的中华优秀传统文化，熔铸于党领导人民在革命、建设、改革中创造的革命文化和社会主义先进文化，植根于中国特色社会主义伟大实践。可见，中国特色社会主义文化由中华优秀传统文化、革命文化和社会主义先进文化三大部分组成。彼此的逻辑是，劳模精神与社会主义核心价值观都是中国特色社会主义文化的重要内容，二者都彰显着共同的价值追求。

2. 劳模精神与社会主义核心价值观的内在相通

劳动模范的精神和社会主义核心价值观融会贯通，劳动模范的行为就是对核心价值观的诠释。劳动模范作为个体践行着爱国、敬业、友善、诚信的核心价值观念；作为典范，他们践行着自由、公正、平等、法治的价值观念；作为模范团体，他们在宏观层面践行着国家的富强、民主、文明、和谐的价值目标，是时代的楷模，是国家价值观的践行者。

在中国特色社会主义的新时代，无论是核心价值观念还是劳模精神都已经深深地植根于人民的心中，二者有很高的契合度。契合度主要体现在以下四个方面：首先是文化传承，无论是劳动模范精神还是社会主义的核心价值观，都起源于中国的传统文化和社会主义文化，共同构成了中国的价值内容、精神内容，是中国国家力量的基础。其次是爱国情怀，爱国是中国特色社会主义核心价值观的首个理念，也是最基础的理念，与此同时，爱国也是评选劳动模范的最基础条件，是评选标准和价值导向。再次是道德提升，中国特色社会主义核心价值观对公民提出的基本要求是爱国、敬业、友善、诚信，劳动模范评选的要求是敬业、奉献、创新，二者在个人道德方面基本要求是一致的。最后是教育导向，劳动模范精神的传承和发扬有利于提升人民的信心、调节社会情绪、整合公众力量、鼓励人民积极的劳动创造，社会主义的核心价值观的目的也是实现人民的共同追求，号召人民积极向上，努力奋斗，两者的内在精神和表达意义有一致性，都有教育导向的功能。因此，综上所述，劳动模范精神和社会主义的核心价值观之间相辅相成、融会贯通。

中国特色社会主义已经开启了新篇章，步入了新时代，劳动模范的精神也将继续谱写，劳动模范精神将继续以实干兴邦为目标助力中国特色社会主义谱写出更为华丽的篇章，带动人民的劳动热情，在社会主义不断发展前进的过程中，奏响时代的劳动赞歌，弘扬时代的劳动精神，以拼搏传承劳动传统，以奋斗开创社会主义的明天。

(三)学校弘扬劳模精神的重要意义

学校是培养中国特色社会主义合格建设者和可靠接班人的重要阵地，在学校中弘扬劳模精神，能够发挥榜样引领作用，为学生德育提供生动形象的案例，实现润物无声、潜移默化的教育效果，对完成立德树人的根本任务和培养担当民族复兴大任的时代新人具有积极意义。

第一，弘扬劳动模范精神可以为中国的当代学生提供践行社会主义核心价值观念的榜样和支撑。劳动模范精神既体现了国家的民族精神，也体现了当下的时代精神，是中国精神的重要体现，也是社会主义核心价值观的彰显。在学校宣传劳动模范精神可以在校园内形成弘扬劳动模范精神的氛围，有利于引导学生在日常生活中践行劳动模范精神，劳动模范精神也是他们践行社会主义核心价值观的有力支撑。

第二，劳动模范精神的弘扬可以深化爱国情怀。劳动模范精神一直都以无私奉献、艰苦奋斗为主要目标，无论是形成初期还是改革开放时期抑或是当下新时代，劳模、先进工作者都具有深刻的爱国情怀，爱国情怀也是评选劳动模范的首要条件。在学校中宣扬劳动模范精神可以加深学生对奉献的理解，引导学生正确认识个人的责任和义务，认清现实和理想之间的关联，为学生建立高远的志向，为国家发展和民族复兴努力拼搏、奋斗，为时代的发展积极奉献。

第三，劳动模范精神的弘扬有利于培养学生敬业精神。劳动模范的评选标准之一就是爱岗敬业，宣扬劳动模范精神和劳动模范的先进事迹有利于培养学生形成正确的劳动观念，正确看待不同工作、职业之间的不同收入，也可以正确理解工作付出与工作回报之间的关系。除此之外，劳动模范的艰苦奋斗精神可以激发学生不畏艰苦、不畏困难的斗志，有利于学生未来的创业以及就业。

第四，劳动模范精神的弘扬有利于拓宽社会主义核心价值观念的实现途径。劳动过程可以塑造人格、磨炼意志。在学校开展劳动实践有利于学生更好地理解国情和社会，对劳动过程的体验可以更好地理解劳动模范的精神，有利于提升品格，也能更好地理解劳动的快乐，对劳动产生真挚的热爱。

二、构建以培育正确劳动价值观为导向的劳动教育体系

一个国家的发展需要各个领域的发展，任何领域都需要劳动，中华民族拥有5000年的悠久历史，在历史演进中，劳动的观念深深印刻在中华民族的发展历程中，通过辛勤的劳动使我国的发展脚步不断前进。因此，必须重视劳动的作用，需要构建以培育正确劳动价值观为导向的劳动教育体系，通过劳动教育引导越来越多的人树立正确的核心价值观。

(一)建构具有内在生命力的劳动教育体系

教育对社会整体的发展具有重要的意义，近年来，劳动教育成为教育的重要部分之一，为了促进我国劳动教育的发展，国家通过采取政策等各个方面的措施建构具有内在生命力的劳动教育体系。构建劳动教育体系是一项长期的工程，作为教育体系的重要部分，教师在劳动教育中的作用至关重要，而且，劳动教育的发展需要各个方面注入活力，要通过各种与劳动相关的教育活动培养学生的高尚品德和坚定的意志。

但反思我国劳动教育推进的过程可以发现，20世纪50—60年代，推进劳动教育是为了解决学生就业问题、缓解国家经济压力；20世纪60—70年代，推行劳动教育是为了服务阶级斗争、政治改造；20世纪80—90年代，推行劳动教育是为了服务经济建设，加强现代化建设所需的劳动技术教育；21世纪以后，劳动教育受到重视，是为了推动国家创新、实现民族复兴。换言之，每一次都是来自教育系统之外的需要左右着劳动教育的走向。虽然，教育必须满足社会政治经济发展需要，但这种满足应以尊重教育规律、促进人的发展为前提。如果让各种外在目的凌驾于人的全面发展的内在目的之上，就会造成劳动教育的种种异化，使其扭曲为改造学生思想的工具，窄化为培养学生技能的训练，遮蔽了劳动的本真教育意蕴。

劳动是利用一定手段获取必要的生存生活资料，创造物质财富和精神财富的过程。

"劳动"对立面的概念是"资本"，与资本不同，劳动具有社会主义属性，通过双手创造美好生活的价值属性。劳动、实践、活动三者的概念有所关联和区别，劳动位于核心，实践按照主观愿望去改变世界，介于劳动与活动之间的概念，活动的范畴最大，是人生存和发展的最基本状态。素质教育，就是德智体美劳、心理健康全面发展的教育。劳动教育在其中必不可少，不然就不是全面、协调的教育。当下的劳动教育需要将课程和实践融合，多维度、全方位开展劳动教育，弘扬劳动精神，将劳动教育融入立德树人，"五育并举"的大格局。劳动教育的灵魂就是要弘扬新时代需要的勤俭、奋斗、创造、奉献的劳动精神，倡导全社会用双手创造美好生活。在劳动教育的发展中完善劳动教育体系和制度，只有这样才能让劳动最光荣的理念根植于学生的内心，培养学生正确的劳动观。

加强劳动教育不能止于课堂。新时代实施劳动教育，要充分利用综合实践，搭建多样化劳动实践平台，与实训基地合作开展劳动职业体验、劳动技能教育，引导学生积极参加义务劳动和社会志愿服务。首先要改变传统观念，劳动教育不等于简单的体力劳动，特别在当前信息产业和文化产业空前盛行的情况下，社会教育领域存在众多的劳动教育新形态，当代社会劳动形态不仅包含更多脑力劳动，还有更多复合的崭新的劳动形态。此外，劳动教育要解决的其实是价值观问题，劳动不仅是谋生的工具，更是自我存在的方式，劳动本身就是对个体最大的回报。学生不会劳动，这是能力问题；而学生不爱劳动，且不尊重劳动却是价值观问题。因此，学校劳动教育可以充分利用社会资源，探索教育载体和多种形式劳动教育新形态，确保学生都能获得真实的劳动体验、掌握劳动技能、创造劳动价值、实现德智体美劳全面发展的育人目标。

国家提倡"幸福都是奋斗出来的"，这就说明劳动教育在整个人的生命教育中的地位至关重要，对新时期学校教育如何充分发挥劳动教育，强调劳动教育的教育意蕴，重视劳动教育的实践性、文化性和创造性，引导学生树立正确的劳动思想、培养劳动素质、促进学生的身心健康成长和全面发展具有重要的积极意义。众所周知，热爱劳动是中华民族的传统美德，无数祖先靠自己勤劳的双手，创造了源远流长的优秀文明。在新时代，劳动教育是让学生树立正确的劳动观念、热爱劳动和养成劳动习惯的教育活动，而学校是培养学生德智体美劳的重要场所之一。因此，为了让学生传承中华民族优秀的劳动美德，学校应积极开展劳动教育课程，搭建科学、全面的劳动教育科学体系，引导孩子形成马克思主义劳动观，系统学习掌握必要的劳动技能，在生活实践中体会劳动的价值，培养学生热爱劳动、勤劳勇敢的优良品德，促进国家富强、民族兴旺。

(二)明确新时代劳动教育的主要内容

坚持劳动教育是我党教育的优良传统。中华人民共和国成立以来，我国的劳动教育积累了丰富的经验。新时代全面加强劳动教育，要从新时代劳动者在思想、心理、伦理、知识技能、行为等方面应具有的品质入手，系统设计劳动教育内容，全面提升青年劳动素养。

1. 树立学生"四最"劳动价值观

"劳动最光荣、劳动最崇高、劳动最伟大、劳动最美丽"，是新时代劳动价值观的明确定位，这一定位是对马克思劳动创造世界、劳动创造历史、劳动创造人本身的劳动价值观的继承与发扬，也是对新形势下出现的种种拜金主义、享乐主义、投机主义思潮的拨乱反正。根据青年发展的阶段性，循序渐进地教育引导学生理解、体验劳动的永恒价值与时代新意，逐步树立"四最"劳动价值观，是新时代全面加强劳动教育的第一要义。

树立"四最"劳动价值观，需要教育引导青年充分认识"人民创造历史，劳动开创未来，劳动是推动人类社会进步的根本力量"的真理性意义；切实明白教育与生产劳动和社会实践相结合"是造就全面发展的人的唯一方法"，体验到在劳动中播种希望、收获果实、磨炼意志、提高自己的快乐；深刻理解按劳分配是实现社会正义的基本原则，鄙视"不劳而获""少劳多获"的投机思想；正确认识新时代劳动的复杂性与多样性，由衷认同"一切劳动，无论是体力劳动还是脑力劳动，都值得尊重和鼓励"的道理，切实改变轻视体力劳动和体力劳动者的错误心态；深入理解"尊重劳动"为"四个尊重"之首的原因，不能离开"尊重劳动"去谈时代精神。

2. 培育学生热爱劳动的情感态度

热爱劳动是立业为人的根本，更是实干兴邦的基石。"让全体人民进一步焕发劳动热情、释放创造潜能，通过劳动创造更加美好的生活"离不开"造福劳动者"的外在制度建设，更离不开"热爱劳动"的内在情感培育。培育热爱劳动的情感态度需要做到以下方面。

第一，科学构建劳动实践体验课程体系，引导青年在自我服务劳动中体验自主的快乐：在家务劳动中体验感恩的幸福，在集体劳动和公益服务中体验造福他人的欢乐，在生产劳动和专业实践中体验创造的愉悦，不断深化劳动情感体验。要将校外劳动纳入教育工作计划，每个学段都要安排一定时间的农业生产、工业体验、商业和服务业实习等劳动实践。

第二，加强辛勤劳动意识与态度的培养。辛勤劳动是热爱劳动的试金石，一个人只有不怕辛苦、不辞辛劳、不惧艰辛，始终保持劳动的热情与干劲，才能真正称得上热爱劳动。一方面，要培养青年勤奋学习的态度，要教育他们认识到学习是当下最主要的劳动，认真学习、刻苦学习，不仅是增进知识的过程，更是磨炼意志、锤炼品行、提高自己的辛勤劳动过程，"让勤奋学习成为青春飞扬的动力"；另一方面，要适当增加青年从事体力劳动的机会，学校可通过承担家务劳动责任、参与校园卫生保洁、普及校园种植、认领校园"责任田"等方式，农村学校可通过在农忙时节组织学生参加农业生产劳动，或者开垦学校农场、养殖场等方式，给学生增加劳动锻炼的机会。要将学生参加劳动锻炼的要求制度化，保持经常性和连续性，并作为学生评奖评优的重要条件。

第三，培养热爱劳动者的真挚情感。要教育引导青年深刻认识到正是身边一个个普通劳动者的辛勤与汗水建造了他们幸福成长的家园，尊重普通劳动者、珍惜他们的劳动成果是一个人的基本修养。

3. 培养学生诚实劳动的优良品德

诚实劳动是社会主义阶段提倡的基本劳动道德。在劳动状态上，诚实劳动表现为"干一行、爱一行，专一行、精一行"的实实在在为他人提供优质服务的工匠精神；在经营活动中，诚实劳动表现为合法经营、按政策办事的劳动纪律；在精神境界上，诚实劳动提倡个人获得利益与为社会尽职尽责的和谐统一。培养诚实劳动品德的根本，是加强"诚信"社会主义核心价值观教育。首先，要发挥课堂主渠道的作用，将诚实守信、言行一致作为思想品德教育的重要内容、纳入学校专业教育体系内；其次，要拓展诚实劳动教育实践平台，充分利用劳动教育实践基地、综合实践基地和其他社会资源，结合研学旅行、团日队日活动等方式，深化学校对各行各业诚实劳动现状的感知、体验与反思；再次，加强诚信校园文化建设，打造诚信文化长廊，树立校园诚信榜样；最后，建立健全校园信用管理机制，将日常学习、家务劳动、校园劳动、公益服务、社会实践等方面的诚信状况列为学生操行评定、评奖评优的重要内容。

4. 奠定学生创造性劳动的良好基础

新时代的劳动，不仅需要辛勤劳动、诚实劳动，更需要创造性劳动。新时代全面加强劳动教育，必须为青年的创造性劳动打好基础。

培养创造性劳动能力，一要在普通科学文化知识教育或专业理论教育中加强劳动教育，明确这些基本知识、基础理论在推进科技进步方面的重大作用。二要着力加强现代生产劳动技能训练。基础教育阶段要开足开好国家规定的综合实践活动课程、通用技术课程等，鼓励各地各校结合实际开设家政、烹饪、手工、园艺、非物质文化遗产等相关课程。三要大力开展与劳动有关的兴趣小组、社团、俱乐部活动，如生物小组、实验小组、园艺小组、信息技术小组、手工制作小组、电器维修小组等，加强创造性思维能力与动手操作能力的培养。

5. 养成学生勤于劳动的良好习惯

勤于劳动，是热爱劳动的情感态度习惯化为稳定的行为模式的表现。培养良好劳动习惯，一要培养自我服务的劳动习惯。如饭前拿碗筷，饭后扫地、倒垃圾，每天早上起床整理自己的床铺、折叠好被子、整理好房间等，培养青年"自己的事情自己干""家里的事情主动干"的习惯。二要培养良好的集体劳动习惯，经常性组织校园劳动日、校园劳动周、班级大扫除、校园绿化角等活动，以评选最美宿舍、互助之星、班级劳动之星、校园劳动之星等方式，培养青年"他人的事帮助做""集体的事热心做"的良好习惯。三要培养青年积极参加公益劳动的习惯。定期组织社区服务、援助劳动、公益远足等志愿性活动，通过记录公益劳动卡、评选"公益之星"等方式，培养"公益的事争着做"的良好习惯。

因此，要在学生群体中通过各种方式大力宣传劳动模范的感人故事，号召全社会向他们学习，以他们为榜样，向他们致敬，努力向他们靠拢。重视同辈群体的典型示范，同辈群体是一个社会成员初级社会化阶段的重要影响变量。同辈之间在校园内具有相近的生活经历和体验，彼此之间的相互影响也是极其重要的。在校园里，不乏同辈之间向上向善的动人故事，既有艰苦奋斗的励志传奇，也有刻苦努力的勤奋模范，这些榜样就在学生中间，在学生身边，可以用同辈的经历给他们以积极引导。在学生日常生活中，加强学生党员、学生干部或者典型代表的示范，从生活细微之处影响学生树立正确的劳动态度，培养学生的劳动习惯，进而形成正确的劳动价值观。

第二节 劳动育人观教育

一、劳动教育在人才培养中的独特地位

劳动是人类基本的实践活动和存在方式，是人类创造物质财富和精神财富的基本途径，也是人类生存和发展的最基本条件。在实现中华民族伟大复兴中国梦的征程中，当代学生可谓生逢其时、适得其势，他们精力充沛、朝气蓬勃，是最富创新创业精神的群体，他们的"成才梦""创业梦""报国梦"必将为中华民族伟大复兴的中国梦不断注入活力。学生的成长成才不仅需要依靠知识和智慧，还需要具有深厚的劳动情怀和正确的劳动价值观；学校肩负着人才培养、科学研究、社会服务、文化传承创新、国际交流合作的重要使

命，在完成立德树人这一根本任务，培养又红又专、德才兼备、全面发展的中国特色社会主义合格建设者和可靠接班人的过程中，必须把强化学生劳动情怀培育作为一项重要任务。

教育对人才的培养应该是全面的，涵盖德智体美劳五个方面，经过德智体美劳培养的人才是合格的社会主义接班人。在培养过程中，劳动必不可少，甚至是最基础、最重要的培养手段，人的才干和智力需要通过劳动的方式才能得到充分的发挥。劳动是很复杂的过程，对人思想的培养、智力的提升、情感和美感的升华以及精神的创造都具有重大的意义，劳动可以将人培养成真正完整的人。劳动和教育之间有着千丝万缕的联系，教育过程中，劳动不应该缺位，也就是说劳动教育应该和德育、智育、体育、美育一样发展，并促进德智体美劳之间的良好结合，实现人才的全方面培养。

劳动教育和体育、德育、智育、美育共同组成了人才的全面教育系统，彼此之间既相互联系又具有各自的特点，劳动教育是教育系统中最为重要的一环。劳动教育的开展需要以学生德智体美知识的学习为基础，并在劳动培养的过程中不断地升华德智体美的知识水平。比如说，在劳动的过程中可以塑造学生德育中的价值观、人生理念，可以提高学生体育培养过程中的体魄、锻炼毅力，可以使用智力教育学习过程中掌握的专业知识、专业技能，也可以展现美育的成果。劳动的过程中，可以让学生尽情地发挥自身的想象力、创造力，感受劳动的价值，体验劳动的快乐。德智体美劳五个方面相互影响，但是又彼此独立，不能被取代。

德育侧重于解决学生"对世界怎么看"的问题，体现"善"的要求；智育侧重于开发学生"改造世界的能力"，体现"真"的要求；体育为学生"看世界、改造世界"提供身体机能支撑，体现"健"的要求；美育注重学生"看世界、改造世界"过程中的心灵塑造，体现"美"的要求；而劳动教育侧重于用系统的科学知识与技能的教育教学来加强对学生劳动知识与技能的教育，为培养学生的劳动态度、劳动习惯、劳动品德和劳动价值观奠定坚实基础，体现"实"的要求。将劳动教育与德智体美教育并列，既是对劳动教育本身的有效加强，也是对德智体美教育的有力支撑，劳动教育应该独立为完善人才培养目标、支持德智体美教育的重要平台。

劳动情怀的形成首先要具备正确的劳动认知，其次要经过长时期的劳动实践，最终才能成为个人层面的劳动态度、情感、品德、习惯以及价值观念。

劳动的态度是对劳动持有的热爱、反感、尊重等倾向，具体表现为一个人对劳动是否积极；劳动的情感是个人对劳动形成的心理情感或者是心理依赖，情感和依赖的程度取决于个人对劳动的需求程度，劳动教育的开展需要个人的积极投入，积极的劳动建立在正确的劳动态度和丰富的劳动情感的基础上，只有以积极的心态投入到劳动过程中，才能体验到劳动的快乐；劳动的品德是在劳动过程中体现的对他人和事物的品德倾向，具有社会属性，代表的是个人的真实道德素质和道德水平；劳动的习惯是开展劳动训练经常使用的劳动行为或劳动方式，劳动习惯的培养需要有良好的劳动态度和劳动习惯，有助于形成良好的劳动品德；劳动的价值观念是人们对劳动价值的定位，反映了劳动是否满足了人们对自身发展的需求，是否实现了个人的愿望和诉求，劳动的价值观念会直接影响劳动的实践过程，也是劳动价值高低的直接影响因素。在具体的劳动过程中，当个体拥有良好的劳动态度、优秀的劳动品德、健康的劳动习惯以及拥有开展劳动实践所需的德智体美技能时，个体就能很好地将劳动过程的付出转化为劳动财富，提升劳动的效率，创造劳动的价值。

二、劳动教育保障学校立德树人的逻辑维度

学校加强劳动教育，发挥劳动教育在育人功能上塑造健全人格、锤炼高尚品格、磨炼顽强意志的重要作用，才能培养德智体美劳全面发展的社会主义建设者和接班人。

（一）梦想实现的逻辑维度

劳动教育能够实现梦想，是思想政治教育实践的有力方式。学校在进行思想政治教育时应该加强劳动教育，因为劳动教育不仅可以实现个人的梦想，也可以实现整体的政治、经济、文化或其他任务。

首先，劳动是学生实现梦想的必经之路。学校是人生中最有精力、最有热情、最奋力拼搏的阶段，在这个阶段中，如果能坚持不懈努力奋斗，那么非常容易实现人生的梦想，但是现实状况是有一部分学生没有劳动观念，劳动态度不积极，比较懒惰，对于这些现象应该加以遏制。学校教育必须树立正确的劳动价值观念，增加实践课程，增加学生的自主学习途径，培养学生的劳动能力，通过体验劳动的辛苦不断地磨炼学生的意志，培养学生坚强刻苦、坚持不懈、努力奋斗的劳动精神。在劳动的过程中实现能力的培养，精神的养成，将学生培养成优秀的社会主义接班人。

其次，学生的个人层面的梦想就像一个个小音符构成了中国梦的美好乐章。近些年来，我国青年的个人梦想始终和国家的梦想息息相关，与中华民族的伟大复兴紧密相连，实现中国梦需要中国青年的不断接力、不断奋斗，学生个人层面的创业梦想、复兴梦想都是中国梦的一部分，在学生时代学生应该有崇高的理想，并为了国家的未来努力奋斗，只有这样才能实现个人梦想、实现中华民族的伟大复兴。面对中国的崛起，国际社会不断打压，尤其是中美之间摩擦不断，中国的崛起需要不断加强科技，提升科技能力需要不断地

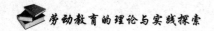

创新，创新来自人的思维革新，需要中国青年努力学习，不断实践，在实践的过程中进行科技创新创造。

（二）价值引导的逻辑维度

劳动教育具有引导学生价值观念的作用，有利于加强学生的思想政治教育。思想政治教育必须解决学生的劳动价值观问题，学生劳动价值观念受到从小到大生活环境的影响。首先，社会上推崇读书的地位，认为读书最重要，是实现梦想的必经之路，但有人信奉"劳心者治人，劳力者治于人"，在这样的社会文化的影响下，劳动价值观出现扭曲。其次，还受到家庭教育观念的影响，新一代的青少年家庭环境不注重劳动能力的培养。最后，学校教育对劳动观念的缺失导致劳动价值观的扭曲，我国的应试教育思想非常严重，在这样的环境下学校教育比较注重对知识的培养，缺少对劳动的培养。综合以上因素，导致学生对劳动的认识不够，理解片面，缺乏集体观念，思考事情习惯从个体本位出发，没有顾及社会和其他人的需求，更缺乏对社会的责任感。劳动价值观念培养的缺失又导致学生心理脆弱，对挫折和磨难承受能力较弱，遇到问题容易丧失生活的信心。为了避免以上情况的恶化，学校必须重视劳动教育，培养学生正确的价值观念。

当代学生的劳动价值观念的培养不仅有利于学习生活，更是会影响到学生的未来，就目前阶段而言，主要会影响到学生的毕业就业、进入社会之后的社会责任承担、社会义务负责等。因此，学校应该着手培养学生的劳动教育观念，因为观念并不是一蹴而就的，需要长时间的坚持和积累，才能形成固定的价值观念。黑格尔也曾经说过，劳动价值观念的培养需要依赖于劳动的态度、习惯、技能和品德，首先是习惯，需要通过劳动实践培养学生的劳动习惯；其次是劳动品德，要培养学生适应社会的习惯，尤其是适应他人的个人选择；最后培养学生的劳动技能，使他们可以适应现实生活和社会的需要，为未来发展做好铺垫，打好基础。

（三）实践育人的逻辑维度

劳动教育可以通过劳动过程实践育人，也就是说，劳动教育是一种有效实现思想政治教育的路径。思想政治教育不能仅通过课堂形式进行理论教学，还必须加强实践教学，实践教学可以有效地提高思想政治教育的理论应用，增加学生对教育观念的理解，加深政治观念的深度。劳动是理论和实践之间的桥梁，劳动实践的方式不仅可以增加学生对课堂理论知识的应用，还可以加快知识向个人能力转化的速度。除此之外，实践过程还有利于学生发现新的方法，增加创新意识。劳动教育给学生带来的快乐和意义巨大，只有通过实际的体验才能理解和感悟生命的价值，通过塑造正确的价值观念实现学生个体的良好自由发展。

劳动实践可以促进理论知识向学生个人能力的转化，而且实践过程中会获得一定程度的感性知识，感性知识可以加快理性知识吸收，有助于学生开阔专业视野，培养对学习的兴趣和创新能力。劳动实践的过程是大脑和肢体的配合过程，通过身心的配合加深对专业知识的理解和领悟，在具体的实践过程中分析和解决问题可以培养学生的动手能力，也有助于培养创新意识。劳动实践过程就是课堂上外在显性知识转化为学生内在的隐性知识的过程，该过程可以提高学生的整体能力水平。

（四）以文化人的逻辑维度

以文化人的逻辑维度发挥劳动教育的作用，主要方式有两种：一种是间接性的作用；一种是潜在性的作用。以文化人的作用方式可以增加思想政治教育的吸引力，学生的特点是世界观念、价值观念发展并不稳定，会受到外界环境的影响，学生个体和环境之间是相互影响、相互作用的关系。也就是说，学生观念的形成受到社会环境的影响，形成了稳定世界观念的学生也会反过来影响外界环境的发展。学生成长的环境多以学校为主，很少接触社会实践，为了学生以后更好地发展和更好地适应社会，学校需要注重劳动教育培养，对劳动教育的注重会形成校内注重实践的环境氛围，可以潜移默化地影响学生，有助于学生改变劳动价值观念、端正劳动态度、培养劳动习惯。

当前，我国以文化人的逻辑维度发挥劳动教育的作用，主要的实施办法是晓之以理、动之以情、以行待人。晓之以理是教师通过传授道理的方式向学生传递正确的劳动价值观念，在学生心中树立正确的劳动价值观念，帮助学生认识劳动价值观念；与此同时，教师以身作则引导学生向正确的价值观念靠拢。动之以情是教师通过情感倾斜的方式打动学生，例如学校管理主动向学生靠拢，为学生提供勤工助学渠道，在图书馆设立勤工助学岗位或者在学校其他管理部门设置助教岗位、助研岗位等，设置勤工助学职位可以为学生提供勤工俭学的机会，最主要的是能够在勤工俭学的过程中培养劳动习惯，还可以帮助学生有所收获，改变经济状况。学校为学生提供勤工俭学的渠道可以使学生感受到学校的关怀，也就是动之以情。以行待人指的是树立劳动榜样，宣传劳动事迹，通过劳动精神感化学生的思想，培养学生优秀的劳动价值观念，最有效的办法是在学生内部设置劳动榜样，劳动榜样的励志故事、刻苦的精神、努力奋斗的意志都可以向学生传达劳动光荣、劳动伟大的精神；也可以宣传社会劳动模范的故事，通过宣传国家公认的劳动模范可以让学生更好地感受劳动的内在精神，也可以邀请劳动模范走进校园，通过近距离接触真切地感受模

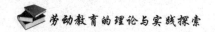

范人物的劳动品格。目前很多学校都实行了劳动精神的文化建设，为新时代劳动教育观念的传递打好了基础。

三、劳动教育在学校立德树人中的功能结合

劳动教育是漫长复杂的过程，应该从青少年时代开始。劳动教育的特性是实践性，通过实践才能更好地开展劳动教育，因此，在劳动教育的培养过程中，在符合人才培养目标的基础上，必须付出实际行动，只有这样才能实现学校劳动教育立德树人的目的。

（一）道德素养与日常实践相结合

学生思想还未成熟，对世界的认识不够清楚，缺乏人生经验和生活阅历，并不能深刻地认识人生价值，劳动教育有助于学生增加对客观世界的认识，加强主观和客观的沟通，有助于培养道德素养。部分学生对社会的认知主要停留在理论上面，没有经历过实际的体验，不知道生活的艰辛，导致难免会比较放松。劳动教育实践可以将学生的道德素养和实践相结合，使学生深刻体会到生活的困难和挑战，加深对劳动价值的认识。

学生的主要任务还是学习，并没有过多的时间参与大规模的劳动实践，因此，开展劳动实践应该主要集中在学生的日常生活中，首先，可以通过加强自我管理和服务培养劳动精神，自我管理和服务主要体现为学生的自理能力教育，例如日常的洗衣服、洗碗、刷地、打扫公共卫生等都是自我管理；除此之外，还可以通过开展宿舍卫生评比、集体维护校园公共卫生等活动加强学生的自我管理和服务意识，帮助学生意识到自我对环境和社会的劳动义务，培养劳动责任感。其次，可以开通勤工助学渠道，实施劳动教育实践，为学生提供勤工助学岗位，勤工助学可以调动学生参与劳动实践的积极性，在劳动实践的过程中，自然而然地培养学生的道德素养。在参与劳动的过程中，通过亲身的体验可以发现劳动价值，意识到美好的物质生活来之不易，美好的幸福生活需要通过劳动来获取；通过劳动实践，不仅能让学生学会尊重劳动价值和他人的劳动成果，形成良好的劳动习惯，同时也能获得必要的劳动技能，对于学生的劳动价值观念培养非常有益处。

（二）专业学习与社会实践相结合

未来的世界将会属于有思想的人与会劳动的人。思想本质上也是属于脑力劳动，所以说未来社会必然属于会劳动的人。因此，学校的教育必须注重劳动教育的培养，注重专业学习、专业知识和社会实践的结合，为社会培养优秀的社会主义接班人和社会主义建设者。

首先，应在专业课程中渗透劳动教育的思想，劳动教育的思想无处不在，无论是文科专业还是理科专业都存在劳动教育思想，教师应从课程中进行劳动思想的教育，帮助学生树立正确的劳动价值观念。比如在教授马克思主义原理时涉及对劳动的概述，教师不应仅仅局限于哲学中对劳动的概述，还应该涉及中国的劳动理念，让学生体会现实社会的劳动意义；文科的课程当中，无论是小说还是其他形式的作品都会涉及劳动，一旦涉及劳动，教师就应该品鉴、宣传和渗透劳动精神；劳动价值在理科课程的教学过程中，可以在理科技能的实践或者能力的探索运用过程中，向学生传递不怕困难、勇往直前、坚持不懈的劳动精神。

其次，应在社会实践中渗透劳动教育的思想。劳动教育和智育、体育是一样的，在促进社会生产的同时，也提高了人类的生活水平。实践是检验真理的唯一标准，通过实践教育可以验证理论知识，也可以改正劳动态度，提升劳动情怀。劳动的社会实践可以从以下方式入手：一是加大学校实践基地的建设，寻找社会企业进行联合办学，为学生提供实践场所；二是组织寒假社会实践、暑假社会实践，通过社会实践体验劳动的意义。例如，机械工程专业的学生可以去制造厂中观摩机器的生产过程，切实体会每个机器生产的步骤，体会生产的不易。社会实践既可以增加学生的社会阅历，也可以培养正确的劳动价值观念。

（三）创业就业与价值实现相结合

学生是时代发展的希望，学生应紧跟时代发展需求，认真学习、勤勉好学、积极动脑、创新创造，在步入社会后实现自己的生命价值。

首先，应该有正确的择业观念。学生的择业观念会受到劳动观念的影响，择业观念也会反过来影响劳动观念，二者之间相互影响、相互制约。我国当前社会环境下应届毕业生越来越多，学生的就业形势严峻，树立正确的劳动价值观念有助于学生积极就业。在就业的过程中，为自己找到满意的职位，步入社会后发挥自己的生命价值。

其次，应该有创业的想法和勇于创业的勇气。创业是从无到有的过程、是理念付诸行动的过程。创业的过程是复杂、艰辛的，需要不断地解决问题，需要踏实认真的干劲，也需要积极的创业态度。学生正处于最有活力的生命阶段，是创新的主体，社会中应该营造良好的创新创业风气，提倡劳动光荣，培养学生的个性思维，打破传统规则的限制，不断地推陈出新，创造行业的新局面、新发展，通过创业带动行业进步。

（四）锤炼品格与艰苦锻炼相结合

通过劳动实践过程的艰苦锻炼，可以锤炼学生的意志和品格。通过参与实践可以感受

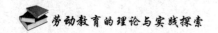

世界、认识客观世界，为人生未来的规划提供更多的选择。

首先，劳动可以磨炼人的意志和品格。劳动过程中的艰苦和困难对人的意志锻炼非常有效，成功挑战困难后，人会获得自信，促进人整体发展。劳动过程也会激发人类的聪明和才智，有助于人类真正地了解自己，尤其是集体劳动，可以激发集体智慧、培养集体意识、提升个人对社会和群体的责任感。除了具体的劳动实践，在日常生活中也要勤俭节约；在学习上也要努力刻苦，做到天道酬勤、厚积薄发。

其次，劳动过程中的艰苦可以培养人的担当意识。创业非常艰辛，有大量繁重的工作等待着学生去完成；也有很多的艰难险阻等待着学生去挑战。只有具备了坚毅的意志、顽强的品格、卓绝的努力，才能实现创业目标。这些能力都需要通过劳动实践来获得，在劳动过程中培养正确的劳动价值观念有助于磨炼人的意志，培养人的勇气，只有这样，才能在创业的过程中一次次地挑战成功。每个学生都应该为中国梦的实现奉献自己的一份力量，也应该担当起中华民族伟大复兴的责任。

第三节　劳动实践观教育

一、劳动教育需要走进自然

人总是面临着"自然"的问题，即自身的自然与作为环境的自然。人自身的"自然"乃是人的内在本性，这种内在本性是指人混乱的原始本质，即"必然性"。关于作为环境的自然，那是一种伤害的力量。柏拉图在《政治家篇》中表示，如果人类将自己完全委托给自然，毫无保留地模仿它，那么我们就会被其粗野所摧毁。自然修复我们，但也耗损我们。自然令我们困惑，而人类的生存质量取决于对之做出正确的抉择。走进自然不是盲目地崇拜自然，而是合理地利用自然赋予我们的教化资源。在遵从学生内在本性的基础上，自主地接触自然，深入地挖掘现实客观世界潜藏的教化资源，从而发挥其教化功能，引导学生自由、快乐、健全地成长。

人要完善人性必须接受善的养育，只有善的东西才能成全人性、抚慰人生。由于宇宙自然深藏着人性发展的本质性东西，故而人要完善人性，必须回到自然——回到本质，与自然建立起恰当的关系。自然成为人类善的范型，成为人类自主行为要展示的本质。在柏拉图看来，人走出自然与回归自然均出于自身的追求。人在这里变得高贵起来，对自然的回归乃是一条上升之路。因而在劳动教育中，应遵循学生内在的发展秩序，在此前提下，引导学生深入现实的自然界，挖掘自然界的教化资源。从而在劳动教育中，给予学生更多感悟自然的机会，使学生在与客观世界的沟通中，开启自我的智慧，充实自我的德行，养育自我的心灵。

(一) 遵循学生内在的心灵秩序

人类是无法随意改变自然素质的，要使一切东西一样地发展，我们只能因势利导，除此之外，便什么也不能够做。在老子眼里，自然是一种神秘的状态，自然是本原，是世界的主宰。实际上，学生的心灵世界本身就是一个神秘的自然状态。因而它要求人们要像尊重自然规律一样尊重学生的心灵世界。劳动教育也应从学生的内心秩序开始，不违背学生身心发展的规律。劳动教育应遵循学生的心灵秩序，在适度的范围内去挖掘学生发展的潜力。只有顺应学生的天性进行教化，才能实现劳动教育的初衷，促进学生的精神健康地成长。否则，将物极必反，得不偿失。因此，学生教育应当师法自然，自然不强迫任何事物去进行非它自己的成熟力量所驱使的事。因而，教师是自然的仆人，不是自然的主人；他的使命是培植，不是改变。教育者在劳动教育中，应当积极地了解学生、观察学生、理解学生。在尊重学生内在发展特点的前提下，合乎规则地给予学生积极引导，从而使学生通过劳动教育获得自我精神的全面成长。

第一，在遵循学生心灵秩序的基础上，在劳动教育中，为了满足学生精神成长的需要，教育者应顺应学生的天性去合理地实施劳动教化。学生的身心具有鲜明的特点，体现着自我的独特性。学生作为未成熟的个体，潜藏着无限的发展潜力。在劳动教育中，通过实施适度的劳动教育，合理地激发学生的潜能，将使学生的内心萌发出成长的需要。学生通过深入劳动活动，不断地体悟，感受以及超越，顺应自我内在的自然秩序，刻画自我的心灵，促进自我精神的健全成长。

第二，顺应学生的天性，即在劳动教育中，教育者应当相信学生，在不违背学生自我发展的自然要求下，赋予学生自我劳动的机会。学生通过适合自我的劳动，将发达自身的官能，平和内在的心灵状态。信任是有效实施劳动教育的关键，信任是教育者与学生关系的纽带。信任将有益于彼此沟通，赋予双方更多的权利。反之，教育者将会失去学生的信任，不利于劳动教育的开展，将导致教育资源的极大浪费。因此，教育者在实施劳动教育的过程中，要避免事事躬亲，不要束缚学生的主动性。教育者应相信学生能够获得成功，从而相信学生、尊重学生、解放学生，做学生的支持者、补助者、引领者。只有这样，劳动教育的价值才会真正地体现，学生的内在精神才会获得合乎逻辑的发展。

第三，相信学生，就应赋予他充分的自由。自由是学生内在心理的需要。在劳动教育中，应赋予学生劳动的自由，为学生内在心灵的成长营造宽松的环境。只有顺应学生自然天性的劳动教育，才会给学生的生活带来快乐。通过劳动教育引导学生要像圣人或智者那样，对物欲泰然处之，抱着恬静的态度，既不厌恶生存，也不恐惧困苦；既不把享乐看成好事，也不把受苦看作坏事，从而选择精彩的、最有意义的人生。快乐的事情总是很吸引人，其有益于学生心绪的平和，有益于学生精神的愉悦，有益于学生生活的幸福。因此，学生的劳动应是自由的、轻松的、愉悦的活动。

第四，在赋予学生劳动自由的劳动过程中，教育者应尊重学生，鼓励学生，欣赏学生；懂得学生需要什么，如何为学生服务，怎样在劳动中教化学生。教育者不应以成人的标准要求学生，否则，必将事与愿违，违背学生内在的发展秩序，致使劳动教育误导学生的发展。因此，教育者应耐心地引导学生投入丰富多彩的劳动活动之中。通过良好的组织，合理的安排，逐渐培育学生对劳动的兴趣，最终将学生带入快乐的劳动世界。因此，合乎学生心灵秩序的劳动教育应是必然的选择。学生接受劳动教育需要一个过程，不可能一下子喜欢上劳动。它需要教育者在劳动教育中，遵循学生内在的身心发展规律，为学生提供适度的劳动教化。从而帮助学生逐步感受劳动的乐趣，逐步把握劳动的意涵，逐步领会劳动的意义。在此基础上，使劳动渐渐融入学生的生活，最终，成为学生的精神生活不可或缺的重要组成部分。

第五，欣赏学生，将学生引入劳动世界的过程，将是挖掘学生潜能的过程，潜能的显现将是学生成长的标志。教育者应抓住时机，在劳动中，合理地挖掘学生的潜能，引导学生自然地成长。教育者不应该从外部强加于学生，只须把那暗藏在学生体内的固有的东西揭露出来，并重视各个学生的独特性就够了。遵循学生的内在秩序，就是应赋予学生劳动的自主权，充分地发挥其决断力、想象力、创造力。教育者应尽可能地把一切留给自然；取消各种束缚，代之以恬静状态下最大限度的安宁。给予学生自由不代表放任学生的行为，应引导学生在遵循一定规则的前提下，积极投入到现实的劳动之中。

在恪守相应的规则的前提下，适度地挖掘学生的潜能，学生内在的自然秩序不是杂乱无章的，它在展现自身的时候，是界限分明地一步一步实现的。自然不强迫任何事物去进行非它自己的成熟力量所驱使的事，劳动教育应遵循学生的自然秩序，顺应学生内在的驱动力，将适合学生的劳动类型呈现在其面前。从而充分地激发学生内在的潜能，引导学生充分地展现自我，以促进学生合乎自身内在秩序的成长。的确，内在本性的良好显现，将有益于学生人性的丰满，有益于学生与世界的融合。

学生需要心灵的导引。因此，教育者面对还不成熟的学生时，不应开展过度的劳动教育。不按学生内在的发展规律引导学生参加劳动，将无法促成其形成良好的劳动观念。这种行为无益于学生内在秩序的良好展开，必将导致学生的精神扭曲地发展，这将是无法弥补的损失。学生生命的自然展开将是劳动教育的出发点，也将是劳动教育的归宿。因而在劳动教育实践的过程中，教育者应尊重学生、守护学生、理解学生；应按照学生固有的身心发展规律去引导学生承载适合于自我的劳动生活。从而在适度的劳动中，引导学生认识自我、把握自我以及实现自我。

(二)寻找自然界的教育资源

自然界是思维最丰富的源泉，是创造性的、探索性的智能最丰富的源泉。只有当人为了发掘大自然的教化力量而自觉地迈出第一步的时候，大自然才会给人以回报，起初是微薄的，而后，随着人在认识中，以及同时进行的创造中付出更多的努力而越来越丰厚。学生劳动得越多，大自然奥秘在学生的意识面前显现得也就越多，他们碰到的新东西、不懂的东西也就越多。而不懂的东西越多，思想就越活跃。困惑不解——这是最牢靠的思维引火线。当学生的心灵接近生命时，学生离自然最近。因此，劳动教育应当回归大自然，自然界蕴藏着丰富的教育资源，学生在大自然中劳动，将会获得无穷的乐趣。人曾是而且永远是大自然之子，因此，应利用他同大自然的血肉联系来向他介绍精神文化财富。学生周围的世界，首先就是那包含无穷现象和无限美的大自然的世界。这个大自然是学生理性的永恒源泉。而与此同时，同人们的社会关系、同劳动相关联的那些环境因素的作用也在逐年增长。

学生作为自然界的一部分，吸收着大自然恩赐的养料，在自然之中将获得自我成长的不竭动力。自然界蕴含着巨大的教育资源。在自然之中学生将获得潜移默化的教化，学生的心智将获得磨砺，学生的心灵将获得陶冶，学生的精神将获得升华。但是，自然界的教化力量在当前的劳动教育中，却没有获得应有的展示，往往被教育者所忽视。劳动教育深入自然界的力度还不够，还有待进一步深化。教育者应将劳动教育引入广阔的自然界，引导学生在自然界自由地翱翔，为学生感受人类劳动的伟大创设广阔的平台。学生通过与大自然的亲密接触，将会为自我精神的成长注入无限的活力，将会逐步提升自我的精神品质。实现大自然与学生的完美融合将是劳动教育的主旨。

1. 学生要走进、融入、体验自然

自然界，作为人的精神的无机界和人的无机的身体，是学生精神成长的丰富源泉，是道德性、创造性、探索性劳动的沃土。学生需要走进自然、融入自然、体验自然，只有这样，学生才能感悟到大自然的教化力量，其精神才可能获得成长。通过现实的行动，去亲近自然、感悟自然、理解自然。因此，劳动作为需要与自然接触的活动，无疑对学生感受

自然的魅力，获得自我内在精神的健全成长有着积极的帮助。学生通过在自然界中开展劳动活动，体验自我作为自然之子的身份与意义。如果没有广阔的自然界作为平台，劳动教育将无法真正展示自身的教化价值，学生的精神成长也将丢掉根基；劳动教育与学生的完美结合也将无法实现，一切都将处于虚无的状态。学生是自然界的一部分，因而学生应回归大自然，在大自然中接受教化，实现自身与自然灵肉的统一。从而在与大自然的接触、感受、融通之中，实现自我精神的超越。脱离自然界的学生，将处于不完整、残缺和灰暗的状态。学生是自然界孕育的结果，自然界是学生成长的温床，学生与自然界是水乳交融的统一体。因此，劳动教育应当回归大自然，发掘自然界无限的教化力量。从而将学生引入广阔的自然界，促成学生与自然融合，使学生在大自然的怀抱中，实现自我身心的全面发展。

2. 劳动教育要面向大自然

自然界是劳动教育的良好平台，是不可忽视的教育资源。教育作为自由的实践——与教育作为统治的实践相反——否认人是抽象的、孤立的、独立的、与世界没有关联的；它也否认世界是脱离人而存在的现实。真正的反思考虑的既不是抽象的人也不是没有人的世界，而是与世界有关的人。在这些关系中，意识与世界同在；意识既非先于世界，也非后于世界。意识和世界同在：世界实质上是意识的外表，世界与意识实际上是相关联的。因此，教育者不能把压缩在教室黑板上的世界同浮动在玻璃窗外的世界对立起来。教室的黑板是对学生自由精神的压制，而窗外的世界则是真正的自由天地。

劳动教育不能将学生困于学校教育的环境内，应拓宽教育的视野，将劳动教育引向广阔的大自然。从而引导学生体验自然界蕴含的无限的美，发掘自然界巨大的教化力量。广阔的自然界才是学生理想的教育场所。学生与自然界具有同一与统一的辩证关系，学生是自然界的造化。大自然，我们被它包围和怀抱，我们生活在其中。学生生活在大自然中，大自然在无形之中呵护着学生的成长，只是没有被发掘。自然界蕴含着人类广阔的文明，回归自然界是劳动教育的本应取向。在自然界中，通过劳动教育的实施，学生将获得经验的积累，将获得智慧的开启，将获得心性的陶冶。

3. 劳动教育促进学生与自然的互动

劳动教育不是简单地深入自然界，而是在自然界中，实现学生与自然的互动，在互动中，展现自然界的教化价值。大自然中并没有任何直接影响理智、情感和意志的魔力。只有当人认识大自然，从思想上深入到因果关系中去的时候，大自然才能成为教育的强有力的渊源。自然界潜藏的教化价值需要教育者去开发，否则，无法实现其教化的功能。劳动作为人与自然接触的活动，有益于学生去探寻自然界的奥秘。在自然界，学生通过劳动，将实现与自然界的互动。学生自我内在的力量将得到显现，学生在获得自我价值的过程中，实现自我的力量与自然力量的融通。在互相塑造的过程中，学生实现着自我精神的升华。在这种相互的作用中，学生的各种能力才会获得展现，学生的潜质才会获得挖掘，学生的精神才会逐渐地成长。因此，在劳动教育中应合理地开发大自然的教育资源。鼓励学生在自然界，通过劳动，积极去探寻、勇敢去追问、大胆去创造。从而在学生自我完善的过程中，展示自然界无穷的魅力，促进学生精神世界的充盈，实现劳动教育的主旨。

4. 劳动教育要建立在尊重自然的基础上

挖掘自然界的教育资源，前提是尊重大自然，不能无限度地损耗自然。劳动教育应在爱护自然的观念中良好地开展。自然是人类赖以生存和发展的物质基础，人离不开自然，必须在自然给予的条件下才能生存。个人如果离开了自然，则无法生存。所以，教育者必须教导学生不要过分陶醉于对自然界的胜利。劳动教育深入自然界，不是去伤害自然，不是去毁坏自然，不是去征服自然；相反，教育者应引导学生热爱自然、保护自然、回归自然。因而，我们要认识自然，就必须尊重自然、爱护自然以及服从自然。

自然界虽不是人的肉身，却是人的无机的身体。我们只有抛弃那种认为人是自然的奴隶或者自然是人的奴隶，人和自然之间的矛盾是对抗性矛盾的思想，树立人与自然共生共存的思想意识，才能避免人对自然的掠夺，最终实现人与自然的和谐共处。所以，现实的劳动教育应在遵循自然规律的前提下，对自然界进行适度的改造。同时，引导学生树立合理的自然观，教化学生和谐地与大自然相处，使学生在与自然的互动中保持某种最低限度的自动平衡。只有这样，才能使学生深入劳动、深入自然以及深入自我，最终实现促进学生的精神全面成长的良好夙愿。

5. 劳动教育促使学生置身于自然

在尊重自然的前提下，学生将置身于自然，自然是学生的生存环节。劳动教育最终趋向于走出校门，真正地融入大自然。教育者不应让学校大门把学生的意识和大自然相隔离，这关系到学生的精神能否全面地成长。因此，教育者应做到在整个学生时期内，使周围世界和大自然始终都以鲜明的形象、画面、概念和印象来给学生的精神世界提供养料；使学生能意识到思维的法则像一座齐齐整整的建筑物，其样式是由更为齐整的建筑物——大自然——所提示的。总之，未来的学校应把大自然所赋予和人所能做到的一切都尽可能充分地用于人的和谐发展，做到使大自然为人服务。只是为了这一点，我们也应当爱护和充实已有的自然财富。只有怀揣对大自然的敬畏，学生才能很好地融入大自然，发现自然的秘密，从而在与大自然的契合之中，实现学生的精神自由而快乐地成长。反观现实的劳动教育，由于其没有认清深入大自然的意义，将学生置于被奴役的状态，这违背了学生的本性。那么，怎样走出误区？引导学生与自然良好地融合，对于未成熟的学生来说，是十分必要的。

自然与学生必然融合为一体，无法现实地割裂开，二者互为依从地存在着。那么，对于人类使者的学生来讲，也无法脱离自然对他的塑造。学生应解放自我的心灵，通过劳动教育，走进自然，了解自然，感悟自然。从而在辽阔的自然世界认识自我、发展自我、超越自我。总之，教育者应在劳动教育中，通过深入神秘的自然界，培育学生敬重自然的心理，刻画学生美好的心灵。在塑造学生美好心灵的过程中，使学生懂得，我们应当依赖自然而不是陷入自然，引导学生在与自然的和谐共处中摆脱自身动物性的束缚。从而由孤独的个体走向类的存在。

二、劳动教育需要走入生活

劳动教育走进自然的同时，也应走入生活。走入生活，强调的是尊重学生的生活世界以及挖掘现实社会生活蕴含的教育资源。从而尊重学生的自主权，赋予学生充分的自由，使学生在感悟现实社会生活意涵的历程中，获得自我精神全面成长的广阔空间。最终，实现学生的生活世界与社会生活世界的有机统一。

(一) 尊重学生的生活世界

学生是独特的个体，有自我独特的精神生活。教育者应尊重学生的精神生活世界，赋予学生自由的成长空间，只有这样，学生才会获得不竭的发展动力，其身心才会获得健全的发展。因此，劳动教育不应把学生整天关在学校里，不应不断重复一些单调的规章和烦琐的制度。现实的劳动教育应让学生有尽可能多的感觉、愿望和行动的空间；应为学生的心灵和意志的独立生活留有合理的天地。因为只有在这样的生活中才能为未来的健康成长积累材料，并很好地组织这些感知和愿望。学生的生活伴随着他的成长，学生的成长即是学生的生活。个体并不是诞生之后直到成熟才去生活的，他的生长就是生活，生长和成熟是个体生活过程的一部分，而不是生活的准备阶段，本身就是在生活过程中完成的。那么，学生接受劳动教育也就是学生自身的一种生活方式。但是，这种生活方式有它的独特性，显现着学生的独特性。学生有他自我的所思、所想、所悟。因此，在劳动教育中，教育者应尊重学生独特的精神生活，不要钳制学生的心灵，以帮助学生合乎内在秩序地发展，从而实现劳动教育的实践精神。

第一，教育者应通过劳动教育引导学生学会把握周围世界各种现象的因果关系，在组织学生探寻世界奥秘的过程中，尊重学生独立的交往空间。学生通过自主交往，将有助于逐步融入群体生活，获得自我的独特性。劳动中的交往无疑是学生通向社会生活的有益路径。劳动是沟通学生与社会生活的媒介，是学生展示自我精神生活的有益路径。通过学生间的劳动交往，有益于拓展学生的社会性，有益于开拓学生的生活空间，有益于充实学生的精神生活，这些都是教育者需要考虑的因素。劳动教育的开展不能以教育者的意志为转移，应当按照学生的需要，赋予学生充分的自主权。教育者应当引导学生在接受劳动教育的过程中，自主地去交往，自由地去创造，从而获得自我内在心灵的无限展开。

第二，在尊重学生独立交往空间的前提下，劳动教育应尊重学生的创造，赋予学生展示自我潜能的机会。在自由的创造中，学生将获得自我的认同。当一个人感到自己是创造者的时候，他就会竭力想变得比现在更好。因此，劳动教育应为学生提供自我创造的自由空间，为学生展示自我丰富的创造性提供广阔的舞台。通过现实的操作，磨砺学生的官能，培育学生的能力，养育学生的心灵。尊重学生的生活世界并非局限于严肃的劳动教育。劳动教育的形式应当多样化，内容应当多元化，气氛应当活跃化。劳动教育的主旨是让学生在做中体验、感悟和反思，强调学生主动构建自我的精神世界。从而使学生在创造性的劳动中，获得自我精神生活世界的富足，以开拓自我幸福的生活，实现劳动教育的主旨。

第三，在学生从事创造性的劳动中，劳动教育应尊重学生的情感生活。情感是生活的调味品，情感的丰富对于学生精神生活的充实有着积极的帮助。在历史和传统中，我们感受到的不是处于单一状态的人类情感，同样，获得的也不是某种历史知识和艺术知识，而是"整个的全部的人类生活，即不断地在各种极端——快乐和悲伤、希望与恐惧、狂喜与绝望之间摆动的生活"。我们通过传统学到的是人类的生活智慧，只要我们在生活，我们与此不可分离。因而，劳动教育应尊重学生的情感生活，不压制学生情感的自然流露。学生的情感占据着学生心灵的主导地位，学生的行为有时是情感色彩浓烈的，不受理智的控制。因此，在实施劳动教育时，教育者应重视学生的情感生活。在劳动教育中，合理地涵养学生的情感生活，不能盲目地强迫学生、过度地压制学生的心灵。学生的情感理应受到教育者的尊重。只有这样，学生才会渐渐热爱劳动、喜欢劳动，将劳动作为自我永恒的追寻。热爱劳动，这首先属于孩子情感生活的范畴。只有当劳动能给孩子带来快乐的时候，他才会产生做事的意愿。劳动给孩子带来的快乐越多，他就越珍惜自己的荣誉，越能在劳动中认清自己所做出的努力、自己的名誉。因此，劳动能否丰富学生的情感生活，将关系到劳动教育能否很好地开展。只有在欢快的劳动中，学生才会接纳劳动教育，学生的情感世界才可能获得充实。在充实自我情感的劳动中，学生将获得自我的明晰，将获得自我的提升，将获得自我生活世界的饱满。

第四，学生自主的交往、自由的创造以及良善的情感，将统一于学生的精神生活世界。在胡塞尔的哲学术语中，"日常生活世界"又被称作"生活周围世界"或"周围世界"。周围世界是一个仅在精神领域内才有其地位的概念。我们生活于我们各自的周围世界中，我们的全部忧虑和劳动都适用于这个世界，这里所表明的就是一种纯粹在精神领域中发生的事实。简言之，"日常生活世界"就是存在于我们的日常生活之中的精神结构。

学生作为独特的个体，其自身也应具有独特的精神结构。只有了解了学生，才会接纳学生的所思、所想、所悟，才会尊重学生的生活世界。不尊重学生的精神生活，那么，劳动教育将是无源之水，无本之木，将丢失其存在的本真样态。劳动教育应尊重学生独特的精神生活，应赋予学生精神成长的广阔空间。学生独立的精神生活有益于涵养其独特的精神品质。因此，劳动教育必须尊重学生独特的精神生活世界，引领学生趋向未来。在把握好边界的前提下，引导学生自主地在劳动世界自由地翱翔，从而为学生规划自我完满的人生做好精神上的铺垫。总之，劳动教育是学生生活的重要构成要素，它以实现学生的精神的内在超越与外在超越为目的。通过劳动教育，学生探寻着自我的根源，找寻着自我的归属，追寻着自我的良善生活。因此，当前的劳动教育必须尊重学生的生活世界，赋予学生充分的自由，给予学生相应的自主权。从而拓展学生的生活世界，开创学生的可能生活，赋予学生存在的意义。

(二)深入社会生活

生活即教育，有生命的东西，在一个环境里生生不息的就是生活。我们是现代的人，要过现代的生活，就是要受现代的教育。不要过从前的生活，也不要过未来的生活。生活应当是鲜活的、富有生机的人生体验。因此，劳动教育应当归现实的社会生活，引导学生在丰富多彩的社会生活中，快乐地旅行，健康地成长。但是，当前的劳动教育就像一个孤岛，岛上与世隔绝的人想通过排除生活的影响来为生活做准备。学生在狭小的空间内，接受所谓的劳动教育，这是不现实的、空泛的、虚无的行为。劳动教育必须回归现实的生活世界，使学生体验社会生活的意味。

社会生活是劳动教育广阔的舞台。在社会生活中，劳动教育将获得滋养，学生将受到熏陶。现实的劳动教育应当回归社会生活，虽然其没有完全与现实的社会生活相隔离。但是，劳动教育与社会生活融合的程度还有待加强，以利于发挥劳动教育更大的教化功能。否则，劳动教育仍然是空洞的、华而不实的口号。陶行知先生强调"理论联系实际""读活书""教学做合一"。他主张把教师的"教"和学生的"学"结合起来，"在做中教，在做中学"。陶行知先生始终坚持教育与生产劳动相结合。晓庄师范、山海工学团、育才学校就是其教育理念的践行。因此，作为可操作性更强的劳动教育必须回归现实的社会生活，从而，将学生引入社会生活，在学生与社会生活的互动中，逐步塑造学生完善的自我。

1. 生活蕴含丰富的教育性

学生通过深入现实的社会生活，积极参加广泛的社会劳动，将感受人间的冷暖，体会生活的不易。从而有益于培植学生良善的感情，为学生成为仁爱之人做好情感上的启蒙。现实的社会生活蕴含着丰富的道德教育资源，是学生汲取精神食粮的源泉，值得劳动教育深入地挖掘。在社会生活中，教育者应当为学生提供体验区分正与误、美与丑、善与恶的机会，从而为学生的精神成长提供丰富的养料。

社会生活是滋养人的天然"氧吧"。社会生活既是磨砺人的平台，也是展示人的舞台。在社会生活中，有助于学生理解劳动的意义、理解人间的繁杂、理解人性的多样。经历社会生活的磨炼，有益于培植学生公正、平等、正义的德行品质，有益于充实学生的心灵，有益于涵养学生的人性。因此，劳动教育应当将学生引入现实的社会生活，引导学生在社会生活中体验人与人之间的差异，感受人间的纷繁，领会人生的意义。最终，通过劳动生活的体验，通过社会生活的磨砺，促进学生的精神健康地成长。

2. 创造生活的工具，将劳动教育引入社会生活

人的生活，必须有相当工具，才能表现出来。工具充分，才有充分的表现；工具优美，才有优美的表现；工具伟大，才有伟大的表现。教育是教人发明工具、制造工具、运用工具。生活教育教人发明生活工具、制造生活工具、运用生活工具。空谈生活教育是没有用的。真正的生活教育必以生活工具为出发点。教育有无创造力，也只须看它能否发明人生新工具或新人生工具。

工具越巧则精神越能向着物质发挥。工具能到达什么地方即精神能到达什么地方。因此，劳动教育应当引导学生发明工具、制造工具、运用工具，同时，培育学生在社会劳动中发明生活工具、制造生活工具、运用生活工具的能力。没有工具则精神无从发挥，社会生活也将无法更新，劳动教育的价值更无法得到全面的展现。有无生活工具将是劳动教育合理与否的关键。创造生活工具的劳动教育是以社会生活为中心的教育，就是生活中才可得到的教育。

3. 运用工具创造有意义的劳动教育生活

通过运用工具创造有意义的生活，将劳动教育引入社会生活。人类生活的世界是充满意义的世界。因为这个世界是历史的、社会的、文化的，人类长期的历史生活实践积淀了

以语言或非语言的种种铭记着人类"符号"的东西。意义是人与世界的一种关系，意义是人的构成要素，意义来自对世界的理解。"我"与世界的互动过程，即创造生活意义的历程。那么，学生作为现实世界的一员，将无法逃离现实的生活世界，只有深入社会生活，才会获得自我存在的价值与意义。

劳动无疑是沟通学生与世界的良好媒介，在劳动中有益于学生优化自我与世界的关系。因此，劳动教育应当注重引导学生深入现实的社会生活，从而使学生深刻地领悟生活的意义。生活意义指导的教育建立在人的整体性基础上，而对实际的物质层次的生活进行规范和指导，使其具有意义、价值和审美。生活就是人的主体与客体、社会性与个体性、历史性与现实性的统一，对人而言，生活世界与世界的生活关系才是最为基本的。封闭的个体将无法获得自我生活的意义，个体的生活与外部客观世界的契合，将是个体体验生活意义的最终方式。学生的生活必须充满意义，这是劳动教育所不可规避的使命。劳动教育的使命就是引导学生在生活中探寻意义、追问意义、感受意义。学生接受劳动教育的过程，应当被看成是追问生活意义的历程。所以，教育者应当通过劳动教育，引导学生积极地投入现实的社会生活世界，从而使学生通过劳动体验，理解生活，理解自我，理解世界，最终获得存在的意义。

4. 通过有意义的劳动，使劳动教育走入社会生活

走入生活是一个历程、一种经历、一种体验。劳动教育是联结学生的生活与客观世界的良好媒介。通过劳动，学生将认识生活、改变生活、创造生活。走入生活的历程，即是学生自我生长的过程。自我的更新展现着自我生命的诉求，体现着客观世界的内在化。生活世界中的所有一切都从生命出发来结成一种关系网，因此，感性个体才在周围的一切中直观到生活和精神的具体表现。个人独特的生活构成了个体的生命的世界。个体的生活世界与个体生命价值的统一，将体现个体的精神价值，确证个体存在的意义。劳动教育应扎根于现实的社会生活，应扎根于人的生活境遇，应扎根于人生的意义。只有这样，才能对学生的生活进行有意义的指导，才能使学生理解自身与世界的关系，才能使学生理解精神的价值。因为生活就是生长，所以一个人在一个阶段的生活和在另一个阶段的生活，是同样真实、同样积极的，这两个阶段的生活，内容同样丰富，地位同样重要。

劳动教育就是不问年龄大小，提供保证生长或充分生活的条件的事业。劳动教育应当发展生活本身应有的品质。劳动教育走入生活世界不是简化生活，不是简单地玩耍，而是具有严肃性的、艰苦性的、体验性的生活历程。因此，劳动教育必须深入现实的社会生活。最终，使学生通过劳动，乐于走入多彩的社会生活，敢于直面真实的社会生活，勇于创造自我良善的生活。

第六章 劳动教育方法的创新

第一节 劳动教育方法创新的必要性

劳动教育是人生第一教育，是德智体美劳全面教育体系中的核心要素，对于落实"立德树人"根本任务，培养全面发展的社会主义建设者和接班人具有独特意义和重要价值。而切实增强新时代学校劳动教育方法创新，又是劳动教育中的关键环节，是增强劳动教育针对性的需要，是提高劳动教育实效性的需要，是促进劳动教育途径多样性的需要，是实现劳动教育目标改造性的需要。

一、增强劳动教育针对性的需要

随着中国特色社会主义进入新时代，我国教育事业站上了新的起点，劳动教育进入了新阶段。面对新形势，劳动教育的对象体现出了个性化和自主意识强，成长历程与新技术新产业发展融合紧密，重脑力劳动、轻体力劳动等特点。其劳动精神和劳动能力存在弱化、淡化、软化的现象，这给新时代劳动教育提供了新的机遇和挑战，也提出了新的要求。根据教育目标，针对不同学段、类型学生特点，以日常生活劳动、生产劳动和服务性劳动为主要内容开展劳动教育。要切实增强劳动教育作用的针对性，就必须进行劳动教育方法的创新，主要有以下三个方面的依据。

一是促进当代青年成长成才的现实需要。培养和造就千百万社会主义事业的建设者和接班人，必须通过有效的方法推进劳动教育。针对不同类型、不同阶段、不同学科专业的学生，应结合学科人才培养要求、学生发展需求和学校教育教学规划，分层分类采取不同的教育方式方法。根据年级不同，对低年级的学生可以开设专门的劳动教育课程，包括劳动教育通识课、劳动专题讲座等，引导学生树立马克思主义劳动观，涵养劳动精神、奋斗精神、创新精神，养成勤于劳动、善于劳动、乐于劳动的劳动习惯；对高年级的学生可以开设更多的实践类劳动教育课程，以学生就业指导、职业生涯规划和创新创业课程为依托，教育学生树立正确的劳动观和就业择业观。实践部分以日常生活劳动、生产劳动和服务性劳动为主，分类实施，与思政课程和专业课程有机融合。围绕专业特色，积极打造

"专业+劳动实践""创新创业+劳动实践";对学农的学生,应组织他们走进田间地头、感受"鸟语花香",形成对劳动伟大和劳动人民伟大的直观感受;对学工的学生,应组织他们走进工厂、车间、产业园区等实际劳动场景中,在实际生产劳动中把握新知识、新方法、新工艺、新技术。

二是适应时代发展的必然要求。人民是历史的创造者,是决定党和国家前途命运的根本力量。劳动是推进人类社会进步的根本力量,波澜壮阔的中华民族发展史是中国人民在劳动中书写的,中国人民在伟大的劳动奋斗中谱写了中国特色社会主义伟大事业的辉煌篇章。历史的车轮滚滚向前,中国特色社会主义进入新时代,赋予劳动新的时代内涵和要求。实现中华民族伟大复兴中国梦,根本上要靠全国各族人民"辛勤劳动、诚实劳动、创造性劳动",要培育符合时代发展的劳动精神、劳动情怀、劳动能力。要树立"实干兴邦"的劳动实践观、"民族复兴"的劳动发展观、"崇尚劳动"的劳动审美观、"热爱劳动"的劳动教育观。要弘扬劳模精神和工匠精神,营造劳动光荣的社会风尚和精益求精的敬业风气。青年是祖国的希望,民族的未来。优化学校劳动教育方法,推动劳动教育方法创新,不断增强劳动教育的思想性、针对性和亲和力,让广大青年投身实践,在增长才干和磨炼意志中感受劳动的伟大和幸福,形成热爱劳动、热爱劳动人民的真挚情感,进而培养符合时代要求、担当民族复兴重任、德智体美劳全面发展的社会主义事业合格建设者和可靠接班人,这是教育事业的历史使命和必然选择。

三是解决当前学校劳动教育中存在问题的内在要求。在现代教育发展的新形势新阶段下,党和国家把劳动教育摆到了前所未有的高度。但劳动教育中长期存在的弱化、淡化、片面化等问题还有待进一步解决,仍存在"重智育、轻劳育""内容单调、方法单一""资源有限、平台不够""教学效果不佳、学生兴趣不高"等问题。解决存在的这些问题,一个有效的途径就是进行劳动教育方法创新。比如,针对受重视不够、课时不足的问题,可以优化劳动教育课程体系,坚持理论教育与实践教育相统一的方法,在理论课程中结合中华民族的劳动实践阐述马克思主义劳动观,深化学生对劳动精神、劳动文化、劳动法律法规的认识与理解,并推进劳动教育与思想政治教育、专业教育、体育、艺术教育的融合,推进劳动教育与课程劳育的结合。在实践课程中,突出课程教育与学生的日常生活劳动、专业实习、社会服务的融合,注重学生的自主策划、自主组织、自主劳动、自主感悟,发挥学生的主动性和能动性,提升劳动自觉性。

二、提高劳动教育实效性的需要

新时代的学校劳动教育要坚持问题导向,通过方法创新,让学生在劳动教育中感受到实践的力量与温度、奋斗的收获与成长、劳动的价值与魅力，准确把握育人导向，提升育人效果，实现育人功能。

一是通过方法创新增强劳动教育的吸引力与感染力。以往的劳动教育大多以理论上的灌输为主，方式也主要是传统的课堂、教材、PPT 等，缺乏吸引力和说服力，学生会感到枯燥无味，更无法得到切身的感受，形成价值观念的共识。因此，针对当代学生的特点，推进劳动教育方法创新尤为必要。比如通过开设特色活动课程，可以将劳动与兴趣结合，提升学生的积极性；通过专业实践课程，可以将知识运用到实践中，提升技能水平；通过日常性劳务，可以让学生感受生活的深度与广度，等等。特别是在网络信息时代，当代学生是伴随着时代进步和国家富强成长起来的，对劳动的认知和体验相对较少，与上一代、上两代有很大差异，"不珍惜劳动成果、不想劳动、不会劳动"的现象更突出一些；他们大多没有受过生活艰辛的磨砺，缺乏吃苦耐劳精神的锻炼，在辛勤劳动方面亟须补课。所以劳动教育应该结合时事热点、前沿科学技术，以感人的事例、先进的技术、丰富的手段，切实提升劳动育人的吸引力和感染力。

二是通过方法创新提升学生的获得感与参与度。新时代的学生是在经济社会快速发展、国家日益繁荣富强的过程中成长起来的，他们没有经历或目睹过父母的生产生活劳动过程，由于家庭条件的改善或父母的宠爱，在家庭中大多数只是干一些基本的家务，很少有机会直接参与到实际社会劳动中，比如很多学生只知道大米和面粉，没有见过水稻和小麦，更不知道其种植生产过程。而学校中的劳动课程普遍是以教育主体（教育者）的说教为主，教育客体（学生）被动地接受一些基本概念和内容，教育手段方法以及环节设置长期不变，教学场景基本在教室，远远滞后于科学技术和教育事业的发展、学生思想认知的变化。这就导致无论是在学校还是在家庭中，劳动教育都存在缺位的情况，学生对劳动的重要性缺乏直观的认识和深切的感悟，更无法体会到劳动带来的快乐与成长，无法感受到劳动给人的踏实与满足，无法在劳动的过程中去体验人生、探索未来、思考世界。为了让学生在劳动教育中更直观地感受劳动的温度力量，更直接地面对劳动中应处理的与他人的关系，更真切地体会在每一个劳动环节和过程中的成长，更有效地将所学的知识应用到劳动实践中，感受劳动的伟大与光荣，就必须坚持主导性和主体性相统一的方法，坚持学生劳动教育主体地位，激发学生个体活力和创造力，参与到劳动的实际环节中，通过暑期"三下乡"让青年走进城乡基层、走入劳动群众中，通过社会实践让青年在田间地头、工厂车间里感受一饭一粥、半丝半缕的来之不易，通过志愿公益活动体会作为社会成员的劳动责任，通过创新创业活动体验创造性劳动带来的无限可能，提升学生在劳动中的获得感与参与度。

三是通过方法创新实现教育资源的有效整合与利用。坚持德智体美劳"五育并举"、协同铸魂育人，发挥劳动教育的基础地位和独特作用，必须坚持"以劳树德，以劳增智，以劳强体，以劳育美"，统筹联动校内课堂、校内课外活动、校外活动、网络课堂"四个课堂"，促进劳动教育与思想政治教育、文化知识教育、创新创业教育等的深度融合，构建以学校为主，家庭、社会、政府协作的"四位一体"育人体系，最大限度地调动教育资源，保障劳动教育的推进。一方面要充分发挥学生的主人翁作用，当前学生在校园内除了日常寝室内务、少量勤工助学和志愿服务活动，参与生产生活劳动的机会并不多，校园内还有很多的生产生活活动可以向学生开放；另一方面还可以进一步发挥家庭、政府、社区、企业的协同作用，家庭可以在假期将更多的生活劳动分配给学生，政府、社会、企业可以为学生提供更多的实习岗位，学校作为教育主题，应主动整合其周围的劳动教育资源。而实现教育资源的有效整合与利用，必须通过方法创新，系统制定劳动教育规划和制度，合理设计劳动教育课程，将"四个课堂"的教育资源有效利用起来，加强和政府、社会、家庭的联系合作，以实践育人、文化育人领域的合作为基础，推进劳动教育中的校地合作、校企合作。

三、促进劳动教育途径多样性的需要

通过方法创新，满足劳动教育途径的多样性需要。具体体现为，满足实现课堂内教育与课堂外教育相结合、实现线上教育与线下教育相结合，实现生活劳动教育、生产劳动教育和服务性劳动教育相结合的需要。

一是实现课堂内教育与课堂外教育相结合的需要。学校劳动教育课堂内的教育是基础和起点，课堂内教育的效果还需要到课堂外检验，更需要课堂外教育的辅助和支撑。通过方法创新，将劳动教育纳入学校人才培养体系，将劳动教育课纳入学校课程体系整体规划，一体化设计教学方案、教学内容、课程标准、教学保障、教学评价，实现课堂内教育与课堂外教育的有机结合。一方面，在课程设置上要以课堂外的实践为镜像，系统科学设置劳动教育课程和教学内容，既要有涉及劳动发展史、劳动哲学、劳动价值观、劳动法律法规的劳动理论基础课程，也要有关于劳动技能、劳动方法、劳动组织、劳动保障的实践应用课程；在教学内容中，要融入与劳动教育相关的时政热点、科技前沿、行业法律法规等内容，实现理论与实践的结合。另一方面，在课堂外，要充分发挥素质拓展、寒暑假社会实践、志愿服务、校园文化活动、顶岗实习等多方面的劳动育人作用，将课堂内的理论知识与课堂外的实践感悟相结合，提升劳动育人的实效性。

二是实现线上教育与线下教育相结合的需要。在互联网时代，线上教育已经成为一种重要且有效的教育方式，特别是随着移动终端设备和软件的普及，线上教育变得"触手可及""随时可用"。劳动教育作为一种覆盖面广、互动需求强、内涵丰富的教育类型，需要在不同的场景、环节中反复学习操作，涉及学生学习生活的方方面面，而课堂上有限的时间和空间难以充分展现。通过方法创新，学生可以通过互联网、"慕课"、新媒体平台更广泛地学习劳动知识，通过 VR、人工智能可以隔空体验不同的劳动场景和过程，通过视频软件平台可以将自己的劳动过程、心得分享到线上，形成原创教育资源，激发劳动热情。

三是实现生活劳动教育、生产劳动教育和服务性劳动教育相结合的需要。传统的劳动教育方式所能展现的，特别是能让学生切身参与感受的劳动教育内容比较少，各种劳动类型的结合也还远远不够。学校由于在空间和时间上将学生集中在一起，通过创新劳动教育方法，可以将三种类型的劳动教育有机融入学校的学习生活中。如：可以通过寝室整理、校园环境维护等开展日常生活劳动教育；可以通过社会实践、专业见习、创新创业等开展生产劳动教育；可以通过志愿服务、校园文化活动等开展服务性劳动教育，将学校学习生活的各个环节系统地纳入劳动教育内容，合理地设定课程体系和学分认定标准，让三类劳动有机衔接融合。

四、实现劳动教育目标改造性的需要

新时代学校劳动教育方法创新的目的之一是实现劳动教育的目标改造，既是为了提升学生对劳动的理性认知，强化学生劳动的实践体验，同时也是为了在劳动中促进学生的身心健康。

一是提升学生对劳动理性认知的需要。青年的价值取向决定了未来整个社会的价值取向，而青年又处在价值观形成和确立的时期，抓好这一时期的价值观养成十分重要。学生对劳动的认知很多还停留在感官层面、感性层面，只是通过简单的目睹、接触、经历形成的认知，缺乏形成正确劳动价值观的实践机会。对于劳动为什么是人和人类社会存在的现实基础、为什么是人的本质活动，人的本质力量如何在劳动中得到确认和发展，都还缺乏理性的认知，尤其是容易单纯地从个体本位思想的角度，要求社会来满足其个人需要，未能充分考虑自己对社会应尽的劳动义务。劳动教育的首要目标就是引导学生树立正确的劳动价值观，通过方法创新，让学生更全面、更真切地了解世界、体验世界，引导学生热爱、尊重劳动和劳动人民，深刻认识劳动之于社会发展和人的全面发展的重要意义，把劳动作为在新时代人生价值实现的尺度，而不仅是谋生的技能手段。比如互联网、人工智能、虚拟场景等最新的教育技术手段让学生在不同历史阶段、不同劳动场景和不同劳动过程实现"穿越",感受平时没有体验的劳动经历,从劳动中学会与人协作,学会克服困难,学会热爱生活,从而在大学的学习生活中,在今后的职业规划、工作实践、价值取向中做出正确的选择。

二是强化学生劳动实践体验的需要。劳动是联系知识与实践的纽带,是人与外界沟通联系的桥梁。不管是体力劳动还是脑力劳动,都是把个体融入世界、融入社会、创造价值的过程,在这个过程中,学生不仅在实践中检验了在课堂中所学的知识,还可以在劳动实践中将感性认知升华为理性认知,可以从更广的维度、更深的层次理解劳动的价值。当前的劳动教育实践体验是主要的短板,由于受师资、实践场地、经费等因素的限制,学生劳动实践体验机会有限,在家庭、学校的呵护下,有些学生丢失了基本的生产、生活甚至生存技能,对所学知识很难有深刻的体验领悟,更无法创造性地分析问题、解决问题。通过创新劳动教育方法,让学生多维度、多场景、多环节、零距离地体验劳动,感受收获自己劳动成果的喜悦,尝试创造性劳动带来的充实感、幸福感。劳动教育方法创新,不能仅仅局限于传统的"种植养殖"等基础劳动和简单的"洗衣做饭"等日常劳作,迎接现代化和面向未来的劳动教育,同样需要将视野拓展至科技创新的领域,让学生置身人类文明发展的"前沿阵地",这样才能让学生感受到创新型劳动的无限魅力,才能让学生感受到劳动之美、劳动之快乐、劳动之伟大。

三是在劳动中促进学生的身心健康的需要。很多人认为学习是学生的天职,却忽略了劳动也是学生健康成长不可或缺的养分,是锤炼品格、砥砺青春的"磨刀石"。每个人的美好梦想,只有通过诚实劳动才能实现;发展中的各种难题,只有通过诚实劳动才能破解;生命里的一切辉煌,只有通过诚实劳动才能铸就。推进劳动教育方法创新,可以在劳动中锤炼学生的劳动精神、劳动品质、劳动情怀,使其在劳动教育中感受到关心和关怀。比如通过设置勤工助学、助管、助研的岗位,学习弘扬工匠精神、劳模精神的先锋模范故事,开展集体性、协作性、公益性活动。在这些劳动教育方法的创新中,要着重培养青年在劳动中顽强拼搏的奋斗精神、坚毅刚强的品格意志、勇于担当的品格风格、敢于创新的探索精神,培育身心健康的劳动者,为将来的劳动实践打下坚实基础。

第二节　劳动教育方法创新的基本原则

在新时代学校劳动教育中需要遵循的几个基本原则,即创新性原则、整体性原则、时代性原则和主体性原则。

一、创新性原则

随着经济社会的发展，人类文明的进步，特别是第四次科技革命和产业革命的不断推进，人类的劳动方式、劳动形态、劳动对象、劳动工具都发生了深刻变化，劳动者自身的劳动知识、劳动能力、劳动观念得到了跨越式提升，劳动教育也随着劳动实践的发展而不断发展。新时代最显著的特征就是创新性，首要的发展理念就是创新理念，劳动教育方法创新的第一原则也是创新性原则。所谓创新性原则就是劳动教育方法创新要运用人类文明发展的最新成果、使用劳动实践的最新工具、掌握劳动创造的最新知识、适应劳动变革的最新形式、培养劳动认知的最新观念。

抓创新就是抓发展，谋创新就是谋未来。劳动教育方法创新不是给"旧方法"取上"新名字"，不是形式上的"换汤不换药"，而是要创造、采用适应科技发展、时代进步、教育现代化的方式方法。当前，第四次科技革命和产业革命正如火如荼地展开，人类认识和改造世界的劳动能力达到了新的高度，劳动与科技、知识的结合越发紧密，劳动生产率大幅提高，劳动分工越发细化，出现了以人工智能、生命科学、量子技术、工业互联等为代表的新技术、新产业、新业态、新模式，社会化大生产正在转型升级，人类劳动的内涵和外延更加复杂。劳动教育创新性要求敢于直面社会现实，敢于做到"人无我有、人有我优"、不断改革创新。"创造性劳动""创造性劳动能力""创造性解决问题"三个方面赋予劳动教育"创造性"丰富的内容和内涵。"创造性劳动"是从劳动的性质和形态来说，表现为劳动中具有勇于创新、敢于创新的精神，在劳动过程中发现并运用智慧创造性地解决问题，产生创新性的劳动成果。"创造性劳动能力"不仅是劳动教育适应新时代、满足国家发展的体现，更是对社会主义建设者和接班人必备能力的描述。人类的活动包括认识活动和解决问题活动。强调"创造性地解决实际问题"，从劳动教育的内容和实施角度体现了劳动教育不是系统地学习文化知识，而是运用各学科知识来解决问题，在科学探究、创新设计的过程中，在动手实践、出力流汗的过程中，体认劳动价值，体认劳动的崇高与伟大，形成正确的劳动价值观。面对这些劳动的新变化，学校作为立德树人的"主阵地"、人才培养的"摇篮"，劳动教育的方式方法必须不断创新。

一是要优化课程设置。当前人类社会由简单劳动向复杂劳动不断演化，脑力劳动和富含高技术的体力劳动深度结合，生产中机械化、智能化、信息化的水平越来越高，劳动对象的范围不断扩展，甚至拓展到了外太空，那么在课程、教材、教学内容中都要进行相应的改革创新，要与时俱进。要教育学生认识、掌握前沿科技、知识和最先进的劳动工具、劳动技能，结合时事前沿，分析世界以及科技发展趋势。

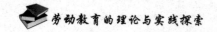

二是要丰富劳动教育实践教学的内容。以往的劳动教育大多只是简单的打扫卫生、站岗执勤、整理内容，但如今社会的生产生活方式发生了巨大的变化，实践教学的场景应用也要发生相应的改变创新。在生产性劳动中，学校应加强与高科技产业园区、创新企业的合作，让学生切身接触、体验到新科技、新产业、新业态、新模式，从而培养与之相适应的劳动素质。在生活性劳动中，学生不仅可以负责自身在校园的寝室内务，也可以在假期分担家庭的劳务工作。现在的学生有些连"洗衣做饭"等基本的生存技能都不会，独立的生存能力和团队的协作能力更有待提高。在服务性劳动中也要不断创新，比如志愿服务中可以增加"云陪伴""云辅导"，鼓励学生通过网络视频等方式为空巢老人提供关心陪伴，为留守儿童提供学习指导。

三是要灵活运用大数据、虚拟仿真、新媒体等助力劳动教育方式方法创新。我们常讲，教育者要知道学生在哪里、在干什么、在想什么。在互联网、新媒体、大数据时代，当前的学生是网络的原住民，能熟练地使用互联网以及各类新媒体平台，我们传统的板书不仅效率低、不环保，还缺乏互动、实景体验的功能，出现了一些学生假装听或低头玩手机的尴尬情况。学校劳动教育通过运用虚拟仿真、新媒体等教育教学手段，不但可以实现资源的共享，而且能够在轻松愉快的学习中有效提升劳动教育的实效性。比如基于大数据的课堂学生面部表情分析，可以时时了解学生的学习状态、效率，分析改进教案和教学方式方法。运用虚拟仿真可以强化劳动教育的体验性，让学生感受各类不同的劳动场景和劳动方式，开阔视野。运用新媒体技术可以加强与学生的互动交流，拉近距离，提高教学和学习效率。

二、整体性原则

新时代劳动教育建立科学有效的人才培养体系离不开劳动教育与德育、智育、体育和美育之间的深度融合，也离不开家庭、学校、社会劳动教育力量的整合。学校劳动教育是学校教育体系的重要组成部分，不能独立于整个体系之外而存在，其发展需要其他部分的协作和支持。从马克思主义的劳动观来看，人的各项身体机能，包括人的思维能力、实践能力、审美能力等都是在劳动中不断发展起来的。同时劳动是人类社会最基本的实践活动，劳动教育的起点不在学校而在社会，教育的效果要到课堂之外去检验，教育是为国家、社会培养人才，教育培养的人才要回归到企业、家庭、社会中去。因此，劳动教育必须整合校内校外的各方力量资源，统筹谋划，协作推进，只有这样才能真正发挥劳动育人的作用，才能真正落实立德树人的根本任务。以整体性原则推进劳动教育方法的创新，具体体现为以下三方面。

一是坚持"五育并举"的教育原则。劳动教育目标的整体性与结构性，指的是劳动教育目标具有与其他"四育"既关联又独立的结构形态，构成我国教育完整的育人目标，其本身具有特定的结构形态。劳动教育具有独有的育人功能，又具有劳动树德、增智、强体与育美的功能。劳动教育是德智体美劳全面培养的教育体系的重要组成部分，劳动教育与其他"四育"相互依存、相互促进。因此，我们倡导"五育融合"的理念，形成教育合力，实现"五育并举"。站在落实立德树人根本任务的高度实现"五育并举"，协同育人，要从师资配置、教材选择、专业设定、课程设置、资金政策支持、职称评定机制、就业等各方面统筹谋划，要将劳动教育纳入整个高等教育人才培养体系中，纳入学生日常生活、学习、社会实践各个环节，纳入人才培养的全过程。

二是坚持"四位一体"的整体协作。多年来我们一直在强调德智体美劳全面发展，但是显而易见的是，与德智体美比起来，劳动的地位一直显得没有那么重要，似乎经常处于只是喊一喊口号的阶段，这种场面十分尴尬，以至于在学校中被弱化，在家庭中被软化，在社会中被淡化。现实中，很多家长只注重孩子的学习成绩，不让孩子做家务，怕孩子做不好，怕累到孩子，怕耽误孩子的学习；一些学校的劳动与技术课程成"摆设"，经常被占用，还有很多老师把劳动当成对学生惩罚的一种手段，这样会适得其反；在一些青少年学生中就出现了厌恶劳动的情况。因此，做好劳动教育必修课，需要学校、社会、家庭、政府共同参与，以学校教育为主导，充分发挥家庭教育、社会教育的作用，发挥政府的协调引导作用，加强四者在整体推进劳动教育中的分工协作，加强校地联动、家校合作、校企合作，实现资源力量的有效整合。

三是坚持"上下贯通"的有效衔接。高校劳动教育向下是对接中小学劳动教育，向上是对接国家社会对劳动力的需求，学校要根据自身高素质劳动力培养的定位，结合中小学劳动教育的实际情况和国家社会对劳动力的实际需求，坚持大中小劳动教育一体化原则，科学系统地设计劳动教育目标，实现劳动教育的循序渐进、螺旋式上升，统筹贯通，协同推进。

三、时代性原则

学校劳动教育创新的时代性，体现在教育的所有活动都是在社会这个大背景中展开，这必然会带上深刻的时代烙印。比如，科学技术的发展是国家繁荣进步的重要体现，民主政治的发展也是国家繁荣进步的体现，二者都是时代发展的必然要求，而不仅是解决社会基本矛盾的手段。时代发展对教育也提出了更高的要求，教育作为科学技术发展与民主政治发展的重要工具，满足了时代发展的诉求。在新时代，我们处在新阶段，面临着新挑战、新机遇，世界百年未有之大变局加速演变，新一轮科技革命和产业变革深入发展，国际力量对比深刻调整，我们正在朝实现"第二个百年目标"奋力迈进，教育系统的主要任务是构建高质量发展教育体系，目标是建成教育强国、实现教育现代化。在此背景下，学校劳动教育方法创新要围绕时代性而展开。

一是要服务于劳动教育的时代使命。在全面建设社会主义现代化国家的新征程上，劳动教育承担着培养中国特色社会主义合格建设者和可靠接班人的历史使命，要为国家社会输送一批又一批的高素质劳动者，主动服从、服务于以国内大循环为主体、国内国际双循环相互促进的新格局，自觉成为新发展格局中的内生变量。学校劳动教育方法创新只有紧紧瞄准这一使命目标，才能真正推进劳动教育的科学可持续发展。

二是要全面体现劳动教育的时代特征。马克思主义教育观要求教育要与时代发展相结合，要与社会生产劳动相结合。新时代是高质量发展的时代、是人民"获得感"更多的时代、是"共商共建共享"的时代、是中国走近世界舞台中央的时代，学校劳动教育方法创新要全面体现这些时代特征。要根据时代要求，提高"创造性劳动能力"。"创造性劳动能力"不仅是新时代劳动教育的重要特征，更是对社会主义建设者和接班人必备能力的内在要求。在知识经济社会与人工智能时代，区别于简单、重复的劳动，更多要求的是大量的"创造性劳动"。因此，全面体现劳动教育的时代要求，注重创造性能力的提升，注重培养创新思维，不能闭门造车，而应该与时俱进，积极借鉴有效的方式方法，推动人才培养的改革创新，让"创造性"成为劳动教育的时代强音。

三是要牢牢把握新时代的机遇与挑战。新时代的新形势、新阶段、新要求也为学校劳动教育方法创新提供了新的机遇与挑战，全国教育大会要求加快推进教育现代化、建设教育强国、办好人民满意的教育。随着社会生产力和劳动效率快速提升，劳动形态快速变化，以前没有的新技术、新产业、新业态、新模式不断涌现，这就要求劳动教育也要根据形势变化"因事而化、因时而进、因势而新"，与时俱进、敢于创新，这样才能增强劳动教育的吸引力和感染力。

四、主体性原则

主体性原则是劳动教育方法创新的又一重要原则。马克思主义实践观要求我们承认、重视并坚持主体在实践和认识活动中的地位和作用。学生是学校劳动教育的主要对象，在劳动教育方法创新中要充分了解学生的主体性特征，尊重学生的主体性地位，把握学生的主体性需求。新时代的学生具备自身的时代特征。一是独立性，随着生活水平的提高，当代学生的学习、生活、成长环境与以往大不相同，在少生优生的政策引导下，兄弟姐妹很少，独立自主的观念比较强，在没有了基本的生活之忧后，更加追求人身的自由和思想的解放，具有更强的竞争意识。二是多元性，当代学生是在改革开放和互联网大潮的环境下成长起来的，接受了多元价值观的影响和冲击，特别是经济快速发展、社会环境快速变化，其本身存在思想和价值的多变性。三是创新性，在科技的快速发展和创新发展理念的影响下，当代学生对新科技、新产品的敏感度、接受度比其他群体要高，自身的创新意识和创新思维比较强。当然，这些特征也会带来一些负面的作用，比如奉献意识、服务意识相对较弱，理想信念不够坚定，易受外在环境影响，传统文化基础比较弱等。劳动教育方法创新应坚持主体性原则，准确把握这些特征，以达到"对症下药"的效用。

一是切实把握学生的实际需求。当代学生的需求已经不只是简单的"吃穿住行"的需求，更多的是学业的压力、情感的困惑、职业发展的期望等多方的需求，很多情况下学校对学生的学习、生活、心理状况"不了解""不理解"，造成了学校与学生之间的"鸿沟"、老师与学生之间的"代沟"。劳动教育方法创新就是要在充分把握当代学生特点的基础上，精准施教，针对不同年级、不同群体、不同问题制订差异化的教学方案，坚持关注学生多种需要与有效引导和满足其需要相结合。当代学生具有时代和年龄赋予他们的共性，要积极探讨当今时代背景下学生思想政治素质形成发展规律，为学校劳动教育顺利开展提供条件；还要尊重每位学生的独特个性，加强对特殊学生群体的关爱，根据学生的特征和需求提供多样性的劳动方式途径选择，将学生需求与解决实际问题结合起来，真正做到个性化服务，做到因材施教。

二是积极发挥学生的主观能动性。劳动教育方法创新一个重要目标就是要培养学生对劳动和劳动人民的情感，通过方法创新，运用一些互动性的环节、体验式的场景、自主设计策划的活动，增加学生在劳动教育中的参与度，提升学生自我管理、自我教育的观念，增加责任感和集体意识。特别是要根据学生的职业发展规划设计针对性劳动实践环节，建立劳动奖励激励机制，营造劳动光荣的环境氛围，让学生在劳动中获得"成就感""满足感""幸福感"，激发劳动积极性，增强主观能动性。

第三节　劳动教育方法创新的可行路径

新时代学校劳动教育方法创新有其迫切的必要性，我们需要在明晰基本原则的基础上，探求其可行性路径。具体来说，可以明确为三个层面：一是在推进思政课课堂教学中实现劳动教育的方法创新；二是在推进思政课实践教学中实现劳动教育的方法创新；三是

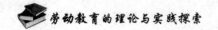

在落实"三全育人"中实现劳动教育的方法创新。

一、在推进思政课课堂教学中实现劳动教育的方法创新

在推进思政课课堂教学中实现劳动教育的方法创新，需要强化顶层设计，建立一体化的课程体系，丰富教学形式，打造高水平劳动教育教师队伍，促进思政教育与劳动教育同频共振，同向同行。

一是强化顶层设计，建立一体化课程体系。劳动教育与思政教育在教育的价值目标和教学内容上是相通的，所以，学校要将劳动教育与思政课教育深度融合，建立一体化的课程体系，引导学生树立和践行社会主义核心价值观，合力回答"培养什么人、怎样培养人、为谁培养人"这一根本问题。思政课程与劳动教育课程应该梯次配置、有效衔接、互为辅助，在课程的教学目标、教材选配、教案编写、师资配置、考核评价等方面都应一体化设计。为此，要通过优化课程体系，抓住"关键课程"，将劳动教育全方位融入思想政治理论课，在推进思政课改革创新中推动劳动教育落地落实，实现劳动教育方法的创新，教授学生劳动知识、劳动技能，增强劳动意识，树立正确劳动价值观，达到课程育人的目的。

二是丰富教学形式，促进思政教育与劳动教育同频共振。学校思政课与劳动教育课在教学方式方法上具有很多的共通点，两者应相互借鉴对方的教学方式，特别是思政教育在学校教育体系中已经形成了较为独立的系统。在新时代推进学校劳动教育方法创新，可以借鉴思政教育的教学形式和方法，比如有课堂讲授法、专题讲座法、主题团队训练法、情景体验法、榜样激励法等，还有"思政课程"与"课程思政"相结合，劳动教育也可以推进"劳育课程"与"课程劳育"相结合，在其他的课程体系中融入劳动教育的内容。坚持把显性的教学方式与隐性的教学方式相结合，在传播基本劳动理论知识的同时，结合生产生活中的实践进行分析举例，让学生融会贯通。坚持线上教学与线下教学相结合的方式，可以把一些有意思有意义、有深度有温度的文献材料或影视资料让学生在线上学习，并开展讨论交流。

三是深化师资融合，打造高水平劳动教育教师队伍。学校劳动教育与思政教育的另一个契合点就是在教师上，发挥劳动教育的作用，关键在发挥教师的积极性、主动性、创造性。推进"三全育人"，要求做到"五育并举"，思政课教师、团学干部、辅导员承担着重要的育人使命，是培养德智体美劳全面发展的时代新人。劳动教育的教师不仅要有扎实的劳动知识素养，还要有坚定的马克思主义劳动价值观信仰、有真挚的劳动情感、有丰富的劳动技能和方法，也要有较高的马克思主义理论水平。这就要求学校着力打造一支同时

具备思政教育水平和劳动教育水平的师资队伍，通过系统的培训、管理、考评机制，实现思政教育和劳动教育在师资上的深度融合，充分发挥思政工作队伍在劳动育人上的主体作用。

二、在推进思政课实践教学中实现劳动教育的方法创新

在推进思政课实践教学中实现劳动教育的方法创新，需要加强思想渗透，树立劳动实践观念，丰富劳动实践途径，拓展实践场所与完善实践教学管理运行机制与保障机制。

一是加强思想渗透，树立劳动实践观念。劳动教育如果是枯燥说教、生搬硬套，劳动教育的实效性会大打折扣，这是需要规避的一种现象。此外，学生懒于思考、模仿重复也是需要规避的另一种现象。而解决以上问题或者规避以上现象的创新方法在于积极运用分组合作、启发提问、直观演示等多种教学手段，优化教学方法，引发学生好奇心、激发学生兴趣，引起情感共鸣。将知识传授与品质培养相结合，将课堂讲解与课外实践相结合，抓住劳动过程中的适当时机，将丰富的劳动品质教育蕴含于劳动实践中，让学生认同劳动，理解劳动，尊重劳动。

二是丰富劳动实践途径，多渠道拓展实践场所。劳动教育与一般的课程教育不一样，需要有实践的场所，需要社会各方面的支持与配合。因此，要构建全方位、立体化的劳动服务体系，将动手劳动实践内容纳入学生综合素质评价，把社会实践纳入学校的教学考核体系，在社会实践、志愿服务、社团活动中融入劳动教育，引导在校学生形成良好劳动习惯，感受劳动乐趣，享受劳动成果。首先，需要各级政府部门协调相关事业单位、企业等机构在不影响自身正常运营的情况下，尽可能地开放场所，为学校学生提供开展劳动实践的条件。其次，新时代新劳动，鼓励高新技术企业为学校学生提供参与新型服务性劳动、感受新型劳动过程的机会。最后，工会、共青团、社会福利机构等组织要组织动员相关力量、搭建活动平台，共同支持学生深入福利院、贫困地区等参加志愿服务，开展公益劳动。

三是完善实践教学管理运行机制与保障机制。当前要提升学校思政课实践教学水平，就必须强化实践育人理念，完善实践教学管理运行机制、保障机制，创新实践育人方法途径，打造实践育人整体合力，以切实增强思政课实践教学的有效性，提高我国学校思政课的教学质量。比如，在实践教学中，重视对博物馆、爱国主义基地等教育资源的利用，并能够形成一种制度化的实践育人方式。再如，在实践教学中，建立起校内的实习实训基地，拓展对实践教学的外延认识，做好专业实践教学与思政课实践教学的有机衔接。

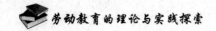

三、在落实"三全育人"中实现劳动教育的方法创新

落实"三全育人",学校要把立德树人作为根本任务,融入思想道德教育、文化知识教育、社会实践教育各环节,把思想政治工作贯穿教育教学全过程,把思想价值引领贯穿教育教学全过程和各环节,形成教书育人、科研育人、实践育人、管理育人、服务育人、文化育人、组织育人的长效机制。落实"三全育人",关键在于整合协同学校各项教育工作、各项育人元素,发掘一切校内外资源,打造全方位、立体式的育人时空,形成素质修炼的"大熔炉"。

实现全员育人。学校劳动教育涵盖了课堂教学和综合实践的内容,强化劳动教育实现全员育人,需要整合家庭、学校、社会各方面力量,拓展劳动教育资源,努力形成协同育人格局。家庭是劳动教育的基础课堂,在日常家庭学习生活中积极培养学生的劳动习惯,引导鼓励学生养成认真自律、自控、自强的良好品质。学校是劳动教育的必修课堂,要充分发挥学校主导作用,构建科学的劳动教育体系和优质的劳动教育师资队伍。学校应大力提升劳动教育专任教师、实训导师、辅导员等师资队伍的专业素养,激发其深入开展劳动教育的积极性、主动性、创造性。同时,有组织、有计划、有针对性地组织学生开展公益性、实践性、服务性劳动,让学生动手实践、接受锻炼、磨炼意志。在全员育人上,当前尤其要充分发挥专业课教师主体作用,挖掘课程育人、科研育人、实践育人等维度的劳动教育资源。社会是劳动教育的高阶课堂,推动社会各界资源支持和参与,建立健全劳动教育资源开放共享机制,政府、企业、社会团体等组织深挖劳动育人元素,搭建劳动育人平台,提供高质、高效、高能的劳动实践服务,共同担负学生成长成才的责任。

实现全程育人。人才培养一定是育人和育才相统一的过程,而育人是本。学校劳动教育具有长期性、日常性、复杂性的特点,应与深化高等教育体制改革、"双一流"建设等结合起来统一部署、统一推进,增强学校劳动教育全程育人的合力。要遵循学生成长规律,针对不同年级的学生"因材施教",采取与之相适应的劳动教育方式。低年级是学生人生观、世界观、价值观形成的关键阶段,应注重引导学生开展参与式劳动实践,树立正确的劳动价值观和培养良好的劳动习惯。高年级是学生职业观、人生发展定位塑造的关键阶段,应注重引导学生开展体验式志愿服务、职业体验,强化社会责任与使命担当,把个人理想与国家发展、民族复兴统一起来,大力提升劳动能力、职业素养。学校通过把劳动教育纳入人才培养的全过程,切实提高了劳动教育全程育人的工作实效。

实现全方位育人。课堂是学生获取专业知识和技能,形成正确的情感、态度和价值观的主要途径。广义的课堂包括"第一课堂""第二课堂"和"网络课堂"。学校劳动教育必须进行科学顶层设计，严格设置劳动教育课程和劳动实践方案，实现课内课外资源整合、线上线下无缝对接、校内校外协同发力的全方位育人模式，破除学校劳动教育的"盲区"。首先，立足劳动教育第一课堂，解决"教什么、怎样教"等问题，推动劳动教育与专业课、思政课的有机结合，使劳动教育与各类课程同向同行，形成协同效应。其次，延伸劳动教育"第二课堂"，营造良好的劳动教育氛围。切实将劳动教育融入校园文化活动之中，积极引导学生参与社会实践，培育职业素养和锻造劳动品格，培养担当民族复兴大任的时代新人。最后，开发劳动教育网络课堂，推动劳动教育与互联网的有机结合。牢牢抓住当代学生"互联网原住民"的特点，努力把互联网转化为劳动教育的最大增量。要结合学生兴趣探索"互联网+"劳动教育模式，通过微博、微信、QQ、校园网等新媒体引导学生形成正确的劳动价值观，积极打造网络在线课程和特色选修课程，统筹协调线上线下劳动教育资源，满足学生的乐学、好学、善学的需求。

学校要紧紧围绕立德树人根本任务，深化教育教学改革，充分挖掘各类课程思想政治资源，发挥好每门课程的育人作用，使各类课程与思政课程同向同行，形成协同效应。构建全员全程全方位的"三全育人"大格局，全面提高人才培养质量。在落实"三全育人"中实现劳动教育的方法创新，具体来说，体现为以下三方面。

一是转变社会价值观，全员、全程、全面地促进学校劳动教育的开展。社会的积极响应，良好的社会文化氛围，对学校开展劳动教育、提升学校劳动教育的整体效果具有重要的意义。相关政府部门要给予高度的重视，制定切实可行的制度措施；相关职能部门要积极落实相关制度；官方主流媒体要主动宣传，弘扬劳动精神。通过新闻报道等方式对优秀劳模的典型事迹进行宣传，在全社会凝聚热爱劳动、勇于创新创业的正能量，积极引导学生在辛勤劳动、诚实劳动、创造性劳动中收获成就感，增进幸福感。同时，在宣传手段方面，要及时总结宣传劳动教育典型经验，利用各种宣传展示舞台进行推广，创新舆论引导方式方法，主动抢占新媒体阵地，用好新媒体手段进行广泛传播，推出更多轻量化、可视性高、互动性强的新媒体宣传作品，推出更多简易的、贴近新青年生活的、具有欣赏性的关于劳动教育的题材，通过多元化的方式，正面引导网上舆论，增强劳动教育的时代感、吸引力、感染力，让劳动教育真正入脑入心，形成人人主动参与的良好氛围。

二是搭建多种多样的劳动实践平台，提高学生手脑结合的综合能力。与学校其他的课程教育不一样，劳动教育的实现不能仅仅有学校开设的劳动教育课程，还需要家庭、政府与社会提供多种多样的劳动实践来补充，汇聚学校、政府、家庭和社会四股力量，建构起学校、政府、家庭和社会"四位一体"的教育网络，才能真正促进劳动教育的有效实施。在学校层面，要建立有效规范的劳动教育运行机制和保障制度，要开设与劳动教育相关的实践课程。劳动教育的关键在教师，要建设政治素养过硬、业务能力精湛、育人水平高超的劳动教育师资队伍。同时，学校还要通过组织劳动教育评比活动、公益活动、志愿者活动等，加强与家庭和社会的连接，为劳动教育走出校园、走进社会创造良好的条件。依托形式多样的主题教育活动，激发学生的劳动兴趣，提高学生手脑结合的综合能力。在家庭层面，父母应该树立良好的、正确的劳动价值观。劳动是新时代教育中不可或缺的一环，良好的劳动教育可以锤炼品格、磨炼意志，有利于形成健全的人格，父母应该配合学校和社会做好劳动教育的保障和支持工作。在政府层面，相关政府部门要对劳动教育给予高度的重视，制定切实可行的制度措施；相关职能部门要积极落实关于劳动教育的相关制度。在社会层面，要弘扬劳模精神，树立新时代的劳动模范、典范，发挥其积极正面的导向作用，让"劳动最光荣、劳动最崇高、劳动最伟大、劳动最美丽"成为一种社会共识。总之，新时代的劳动教育方式应该是多样的、立体的，通过"四位一体"的、校内与校外相结合的劳动教育网络，提高学生手脑结合的综合能力，帮助学生在学业和劳动中立鸿鹄志、求真学问、做奋斗者，成为忠于祖国、忠于人民的，有理想、有才能的实干家。

三是培育和践行社会主义核心价值观，树立正确的劳动价值观。在马克思看来，劳动生成了人的全面本质，劳动是人的本质形成的起点，也是人的本质发展的基础。人们在劳动中创造满足自身和他人所需的劳动产品，使得自己不断体验、确证和实现着幸福，同时也使得他人获得愉悦、满足和幸福感，获得更高意义上的深层次幸福感。劳动是整个人类生活的第一个基本条件，劳动教育是培育和践行社会主义核心价值观的有效载体。劳动意识的生成，离不开一定社会风气和文化氛围熏陶，离不开社会主义核心价值观的培塑。我们要在劳动教育理论教育和实践教育结合的过程中，匡正劳动风气，形成尊重劳动、热爱劳动的社会风尚。要纠偏目前劳动领域存在的好逸恶劳、投机取巧、坐享其成等不正之风，让学生意识到劳动是幸福之源，让学生真正崇尚劳动、乐于劳动，培养学生不怕吃苦、艰苦奋斗的精神，形成"劳动创造美好生活、劳动不分贵贱"的正确劳动价值观。

第七章 劳动教育的实践

第一节 生产劳动实践

一、农业实践

农业是利用动植物的生长发育规律，通过人工培育来获得产品的产业。农业属于第一产业，研究农业的科学是农学。农业的劳动对象是有生命的动植物，获得的产品是动植物本身。农业是提供支撑国民经济建设与发展的基础产业。

（一）中国农业文明史

中国的农业文明经历了很长的时间，其发展程度世界领先。它是一个非常稳定的，不断进行自我调节（王朝更替）的系统，靠它自身的力量很难打破这个系统，需要有足够大的外来力量，所以，在农业文明长期的发展过程中虽然出现过资本主义的萌芽，但是都无法在这个系统中发展。

作为开发模式的农业文明，中国起源中心与其他起源中心有很多相类似的地方，如陶器与农业文明的同时兴起和普及等。但是，中国农业文明的确与其他农业文明存在显著的差异，它们甚至充分体现在今天中国人的生活习惯上。

中国人用筷子吃饭，其他地区过去基本上都直接用手。中国人喜欢喝热水，其他地区尤其是西方人爱喝凉水。中国的菜大都是多种食材混在一起热加工，最典型的就是乱炖、麻辣烫、火锅、腊八粥、八宝粥、胡辣汤……而其他国家大多喜欢以单一食材制作食物。

中国农业时代发明的垄耕技术，使中国在单位粮食产量和收获量与播种量之比的技术指标上显著超越其他农业文明地区。在今天看来，垄耕技术并不复杂，就是采用在一行行堆起的垄上种粮食，第二年把垄翻一下，有垄的地方变成沟，而上一年是沟的地方变成垄。这种农业生产工艺有效避免了土地肥力的递减。中国农业生产效率的领先优势完全是数量级的代差级别，并且领先时间长达千年。

"二十四节气"是上古农耕文明的产物，农耕生产与大自然的节律息息相关，它是上古先民顺应农时，通过观察天体运行，认知一岁（年）中时候（时令）、气候、物候等变化规律所形成的知识体系；每个节气都表示着时候、气候、物候这"三候"的不同变化。二十四节气，表达了人与自然宇宙之间独特的时间观念，蕴含着中华民族悠久的文化内涵和历史积淀。它不仅在农业生产方面起着指导作用，还影响着古人的衣食住行，甚至是文化观念。

在国际气象界，二十四节气被誉为"中国的第五大发明"。21世纪头十年，二十四节气被正式列入联合国教科文组织"人类非物质文化遗产代表作名录"。

（二）农民的劳动品质

这些年来，不但食品安全、土壤污染、农产品滞销等问题饱受诟病，国内的消费结构也在悄悄转型。且不说如今中国出现了数以亿计的中产阶层，他们更加关注农产品的安全与质量，就连普通的消费者在面对市场上琳琅满目的蔬菜、瓜果时也多了一分挑剔的目光。而面对国际农产品的低价冲击，农业领域尤其需要"匠人精神"来重树信心。

"匠人精神"首先是一种传承，推及农业领域就是对"人与土地间关系"的深入思考，是对农业生产基本常识的普遍尊重。例如要敬畏自然，要保护环境。"匠人精神"也是对传统农业智慧的尊重。我们广大的乡村从来都不缺健康的农业生产理念，珠三角的"桑基鱼塘"就是一个很好的例子，充分表明了循环性生产的相互关系，展现的则是农人因地制宜、善待自然的智慧。

传承并不意味着守旧。时代在发展，需求在变化，"匠人精神"显然也须跟上时代的步伐。在农业领域，因水资源的匮乏而采用的滴灌设施，因科技的发展而引进的新品种等都属于这个范畴，唯一不变的便是那份对农事的执着与追求。

诚恳、朴实、敦厚、乐观的品质是我们社会的核心价值取向之一，是我们民族精神的一个内核。任何时代，农民的品质都为当代年轻人树立了标杆，告诉他们何为美、何为善，什么样的精神是符合当前时代和国家发展需要的。在丰裕年代里，年轻人更应该了解今天的生活来之不易，感知农民为丰裕年代做出的贡献。未来，还将有更多的挑战需要面对，这需要执着奋斗、需要有钢铁般的意志和强大的爱国精神来支撑。

（三）农村的地形和水

地形对乡村聚落的影响是很明显的。平原地区由于土地相对集中，多为整合村、大型居民点，分布有序，多为团状。在东北平原地区聚落规模大，土地面积大，密度较小。在比较低洼的平原地区，因为受制于洪水的威胁，两岸、滩地、中心洼地少见聚落，它主要分布在山前漫岗的倾斜平原。山区居民都尽量把平坦的土地留作农田，而把住房建在不适合耕作的土地上，所以山区居民依山而居，建筑高度变化大，多为山村和山区集镇。例如，吊脚楼，苗族依山而生活，整个楼房前房的前半部是用木柱撑在斜坡上，铺以木板，再在上面建造住宅，远远看去好像悬空一样。大体上来说，因为人类在高山地区的生存环境严峻，海拔高度相对较大，聚落的密度较小。而且山区的许多住宅多就地取材，用石料建筑，形成一种特有的聚落外观。山村一般较小，且居民点安排杂乱无章，多为分散村。

水对乡村聚落的影响是不言而喻的，人们每天需要大量用水，农业生产对水的依赖性也很大。因此，聚落通常靠近水源，特别是靠近有方便清洁的生活用水的区域，所以，有很多沿着河流两岸、围绕湖泊分布、显现"小桥流水人家"的景观。在苏州地区，乡村临河建筑，大体可分为面水而居、临水而居、跨水而居。在沙漠地区，聚落会分布在绿洲地区或获取地下水方便的地区。即使在中国辽阔的半湿润地区聚落分布也明显受到水的影响。在水源供给充足、水网稠密的地区，聚落比较分散，规模较小。在水源供给匮乏、水网稀疏的地区，聚落比较集中且规模较大。在江南的丘陵山地区，聚落一般分布在山麓或开阔河谷平原，这与居民生产生活用水相关。同样孤立的村庄和寺院也多建在有水的地方。长江三角洲地区，河网密布的村庄之间靠船往来，很多村庄沿河两岸分布。

二、工业体验

工业是社会分工发展的产物，经过手工业、机器大工业、现代工业几个发展阶段。工业是第二产业的重要组成部分，主要分为轻工业和重工业两大类。

（一）中国工业文明史

习惯上我们把为国民经济各部门提供燃料、动力、原材料和技术装备的工业部门称为基础工业。

中国的高新技术产业要求布局在技术发达、知识密集、人才集聚的地域。北京、上海成为高科技产业核心地区。珠江三角洲、沪宁杭、京津石开始形成产业带，武汉、重庆、成都、西安、兰州将建成中西部高新技术产业中心。中国工业与经济发达国家相比有较大差距，我们应积极利用高新技术改造传统工业，支持和促进老工业基地改造和结构调整；大力发展高新技术产业，使其成为我国经济发展新的增长点；鼓励中小企业的发展，形成大企业主导，大中小企业协调发展的格局。

中国有四个主要工业基地和三个工业地带，分别是沪宁杭、京津唐、辽中南、珠江三角洲和东部沿海工业地带、长江沿岸工业地带、陇海—兰新工业地带。

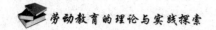

（二）工人的劳动品质

工人阶级是自阶级产生以来最先进、最有力、最强大的阶级，他们在中国共产党的领导下，始终坚定地走在时代的前列，以彻底的革命精神和伟大的创造力量，为中华民族的独立、解放和复兴，为社会主义制度的建立、巩固和发展，为改革开放和社会主义现代化建设做出了不可磨灭的重大贡献，立下了不朽的功勋。人民生活的不断改善，社会财富的不断增加，综合国力的不断提高，都是和工人阶级的伟大创造分不开的。他们，只有他们才有资格成为先进生产力和先进文化的代表；他们，只有他们才是创造历史的真正动力。在当今中国，任何科学家、文学家、教育家、军事家、政治家，如果离开工人阶级都会无所作为，也不会成为真正的英雄。因此，任何人都不能轻视工人阶级。谁轻视他们，谁就会受到历史的惩罚。

工人精神，是一种时代精神，这种精神普通而伟大，充满了力量。中华人民共和国成立之初，百废待兴，各行各业的工人以主人翁的姿态，斗志昂扬、无私地为国家的工业振兴而奋斗。其中涌现出许多有突出贡献的英雄模范人物，他们身上体现着新中国工人艰辛奋斗、不畏艰难的"工人精神"。

（三）传统工艺

1. 茶艺

茶艺是一种文化。茶艺在中国优秀传统文化的基础上又广泛吸收和借鉴了其他艺术形式，并扩展到文学、艺术等领域，形成了具有浓厚民族特色的中国茶文化。中国茶文化包括茶叶品评技法和艺术操作手段的鉴赏，以及品茗和美好环境的领略等整个品茶过程的美好意境，其过程体现形式和精神的相互统一，是饮茶活动过程中形成的文化现象。茶艺包括选茗、择水、烹茶技术、茶具艺术、环境的选择创造等一系列内容。茶艺背景是衬托主题思想的重要手段，它渲染茶性清纯、幽雅、质朴的气质，增强艺术感染力。不同风格的茶艺有不同的背景要求，只有选对了背景才能更好地领会茶的滋味。

品茶先要择，讲究壶与杯的古朴雅致，或是豪华高贵。另外，品茶还要讲究人品和环境的协调，文人雅士讲求清幽静雅，达官贵族追求豪华高贵等。一般传统的品茶，环境要求多是清风、明月、松吟、竹韵、梅开、雪霁等种种妙趣和意境。总之，茶艺是形式和精神的完美结合，其中包含着美学观点和人的精神寄托。传统的茶艺，是用辩证统一的自然观和人的自身体验，从灵与肉的交互感受中来辨别有关问题，所以在技艺当中，既包含着中国古代朴素的辩证唯物主义思想，又包含了人们主观的审美情趣和精神寄托。

2. 插花

插花，亦可称为插花艺术，就是把花插在瓶、盘、盆等容器中，而不是栽在这些容器中。所插的花材或枝或花、或叶，均不带根，只是植物体上的一部分，并且不是随便乱插的，而是根据一定的构思来选材，遵循一定的创作法则，插成一个优美的形体（造型），借此表达一种主题，传递一种感情和情趣，使人看后赏心悦目，获得精神上的美感和愉快。中国插花是一种古老的传统文化现象，大多为满足主观与情感的需求，亦是日常生活中进行娱乐的特殊方式。插花源于古代民间的爱花、种花、赏花、摘花、赠花、佩花、簪花。

在我国，插花的历史源远流长。对中国人而言，插花作品被视为天人合一的宇宙生命的融合。以"花"作为主要素材，插花作为一种在瓶、盘、碗、缸、筒、篮、盆七大花器内造化天地无穷奥妙的盆景类的花卉艺术，其表现方式颇为雅致，令人把玩时爱不释手。

插花艺术的起源应归于人们对花卉的热爱，通过对花卉的定格，表达一种意境来体验生命的真实与灿烂。我国在近两千年前已有了原始的插花意念和雏形。各朝关于插花的诗词很多。至明朝，我国插花艺术不仅广泛普及，还有插花专著问世，如张谦德著有《瓶花谱》、袁宏道著有《瓶史》等。中国插花艺术发展到明朝，已达鼎盛时期，在技艺上、理论上都相当成熟和完善；在风格上，强调自然的抒情优美朴实的表现，淡雅明秀的色彩，简洁雅致的造型。近些年来，随着国民经济的发展，人民生活水平逐步提高，插花艺术才逐步回到了人们的生活中。

3. 剪纸

中国剪纸是一种用剪刀或刻刀在纸上剪刻花纹，用于装点生活或配合其他民俗活动的民间艺术。在中国，剪纸具有广泛的群众基础，交融于各族人民的社会生活，是各种民俗活动的重要组成部分。其传承赓续的视觉形象和造型格式，蕴含了丰富的文化历史信息，表达了广大民众的社会认知、道德观念、实践经验、生活理想和审美情趣，具有认知、教化、表意、抒情、娱乐、交往等多重社会价值。

(四)通用技能

1. 急救

急救即紧急救治的意思，是指当有任何意外或急病发生时，施救者在医护人员到达前，按医学护理的原则，利用现场适用物资临时及适当地为伤病者进行的初步救援及护理。

（1）宠物咬伤

无论是猫还是狗，它们的唾液中都可能带有狂犬病毒，即使是健康的猫狗也难免带有这种致命的病毒。

如果动物抓伤、咬伤人的皮肤，它携带的狂犬病毒会从破损的皮肤处进入人体，短的1~2个月就会出现狂犬病的症状，如兴奋、恐惧，听到水声或见到水即发生强烈的喉头痉挛；喝水不能下咽，水从口角流出等。如伤在头、面部，感染的病毒量大，潜伏期会更短。

被宠物抓、咬伤后，应立即用大量的肥皂水反复多次地冲洗伤口，尽量减少病毒的侵入，之后应马上到医院去治疗。同时一定要进行狂犬疫苗的注射。狂犬病的死亡率极高，一旦发病几乎是无望的，但预防却可以十分简单。

（2）毒蛇咬伤

被毒蛇咬伤后一般在局部留有牙痕，局部疼痛和肿胀，还可见出血及淋巴结肿大，其全身性症状因蛇毒性质而不同。急救原则是及早防止毒素扩散和吸收，尽可能地减少局部损害。蛇毒在3~5分钟即被吸收，故急救越早越好。常见的毒蛇咬伤急救方式有以下几种。

①绑扎伤肢。在咬伤肢体近侧5~10厘米处用止血带或橡胶带等绑扎，以阻止静脉血和淋巴液回流，然后用手挤压伤口周围或用口吸（口腔黏膜破溃者忌吸），将毒液排出体外。

②冲洗伤口。先用肥皂水和清水清洗周围皮肤，再用生理盐水、0.1%高锰酸钾或净水反复冲洗伤口。

③局部降温。先将伤肢浸于4~7℃的冷水中3~4小时，然后改用冰袋，可降低毒素吸收速度和毒素中酶的活力。

④排毒。咬伤在24小时以内者，以牙痕为中心切开伤口，呈"+"或"++"形，使毒液流出，也可用吸奶器或拔火罐吸吮毒液。切口不宜过深，以免损伤血管。若有蛇牙残留宜立即取出。切开或吸吮应及早进行，否则效果不明显。

⑤药物治疗，常用的解毒抗毒药有上海蛇药、南通蛇药等，还可以利用激素、利尿剂及支持疗法进行辅助治疗。

此外，加强野外作业的防护，掌握毒蛇习性，尽量不要裸露腿足，必要时穿长筒靴，蛇伤即可避免。被毒蛇咬伤后切忌奔跑，宜就地包扎、吸吮、冲洗伤口后速到医院治疗。

（3）蜂蜇伤

蜂蜇伤一般只表现局部红肿疼痛，多无全身症状，数小时后即自行消退。若被蜂群蜇伤时，可出现如头晕、恶心、呕吐等，严重者可出现休克、昏迷或死亡，有时可发生血红蛋白尿，出现急性肾功能衰竭。过敏病人则易出现荨麻疹、水肿、哮喘或过敏性休克。

可用弱碱性溶液如3%氨水、肥皂水等外敷，以中和酸性中毒，也可用红花油、风油精、花露水等外擦局部。黄蜂蜇伤可用弱酸性溶液（如醋）中和，用小针挑拨或纱布擦

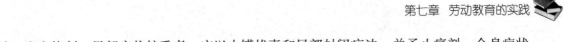

拭，取出蜂刺。局部症状较重者，应以火罐拔毒和局部封闭疗法，并予止痛剂。全身症状较重者宜速到医院治疗。对蜂群蜇伤或伤口已有化脓迹象者宜加用抗生素。

（4）蜈蚣咬伤

被蜈蚣咬伤局部表现有急性炎症和痛、痒，有的可见头痛、发热、眩晕、恶心、呕吐，甚至出现谵语、抽搐及昏迷等全身症状。应立即用弱碱性溶液（如肥皂水、浅石灰水等）洗涤和冷敷，或用等量雄黄、枯矾研末以浓茶或烧酒调匀敷伤口，也可用鱼腥草、蒲公英捣烂外敷。有全身症状者宜速到医院治疗。

（5）其他

在日常生活中，蝎和毒蜘蛛咬伤也是常见的。蝎蜇伤局部可见大片红肿、剧痛，重者可出现寒战、发热、恶心、呕吐、舌和肌肉强直、流涎、头痛、昏睡、盗汗、呼吸增快及脉搏细弱等；儿童被蜇伤后严重者可因呼吸循环衰竭而死亡。毒蜘蛛咬伤者局部苍白、发红或出现荨麻疹，重者可发生局部组织坏死或全身症状。处理原则与毒蛇咬伤相同。

2. 点钞

银行员工在办理现金的收付与整点时，要做到准、快、好。"准"，就是钞券清点不错不乱，准确无误。"快"，就是指在准的前提下，加快点钞速度，提高工作效率。"好"，就是清点的钞券要符合"五好钱捆的要求"。"准"是做好现金收付和整点工作的基础和前提，"快"和"好"是银行加速货币流通、提高服务质量的必要条件。

学习点钞，首先要掌握基本要领，基本要领对于哪一种方法都适用。点钞基本要求大致可概括为以下几点。

（1）肌肉要放松

点钞时，两手各部位的肌肉要放松。肌肉放松，能够使双手活动自如、动作协调，并减轻劳动强度。否则，会使手指僵硬，动作不准确，既影响点钞速度，又消耗体力。正确的姿势是肌肉放松，双肘自然放在桌面上，持票的左手手腕接触桌面，右手手腕稍抬起。

（2）钞券要墩齐

须清点的钞券必须清理整齐、平，这是点准钞券的前提（钞券不齐不易点准）。对折角、弯折、揉搓过的钞券要将其弄直、抹平，明显破裂、质软的钞券要先挑出来。清理好后，将钞券在桌面上墩齐。

（3）开扇要均匀

钞券清点前，都要将票面打开成扇形或小扇形，使钞券有一个坡度，便于捻动。开扇均匀是指每张钞券的间隔距离必须一致，使之在捻钞过程中不易夹张。因此，扇面开得是否均匀决定点钞是否准确。

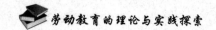

（4）手指触面要小

手工点钞时，捻钞的手指与钞券的接触面要小。如果手指接触面大，手指往返动作的幅度随之增大，从而使手指频率减慢，影响点钞速度。

（5）动作要连贯

点钞时各个动作之间相互连贯是加快点钞速度的必要条件之一。动作连贯包括两方面的要求：一是指点钞过程的各个环节必须紧张协调，环环扣紧。如点完 100 张墩齐钞券后，左手持票，右手取腰条纸，同时左手的钞券跟上去，迅速扎好小把；在右手放票的同时，左手取另一把钞券准备清点，而右手顺手蘸水清点，这样可使扎把和持票及清点各环节紧密地衔接起来。二是指清点时的各个动作要连贯，即第一组动作和第二组动作之间要尽量缩短甚至不留空隙时间，当第一组的最后一个动作即将完毕时，第二组动作要迅速跟上，如用手持式四指拨动点钞法清点时，当第一组的食指捻下第四张钞券时，第二组动作的小指要迅速跟上，不留空隙。这就要求在清点时双手动作协调、清点动作均匀，切忌忽快忽慢、忽多忽少。另外，在清点中尽量减少小动作、假动作，以免影响动作的连贯性和点钞速度。

（6）点数要协调

点和数是点钞过程的两个重要方面，这两个方面要相互配合、协调一致。点的速度快，记数跟不上，或者点的速度慢，记数过快，都会造成点钞不准确，甚至造成差错，给国家财产带来损失。所以点和数二者必须一致，这是点准的前提条件之一。为了使两者紧密结合，记数通常采用分组法。单指单张以十为一组记数，多指多张以清点的张数为一组记数，使点和数的速度能基本吻合。同时记数通常要用脑子记，尽量避免用口数。

第二节　志愿服务实践

一、志愿服务认知

（一）志愿服务与志愿服务精神的内涵

1. 志愿服务的内涵

志愿服务几乎是每个文明社会都不可缺少的一部分。志愿服务是指任何人自愿贡献个人时间和精力，在不求物质报酬的前提下，为推动人类发展、社会进步和社会福利事业而提供服务的活动。

志愿服务是开放性的，并没有人员资格和服务范围的具体限制，原则上任何人都可能成为志愿者，任何行业或领域也都可能成为志愿服务介入的领域。但不能把志愿服务狭隘地理解为就是"好人好事""助人为乐"等简单的生活服务、公益服务项目。

　　志愿服务是一种行为，志愿者是行为的实施主体，志愿精神是行为的内涵，三者之间有着密切的联系。

　　志愿者是志愿服务的主体，是指那些不以获取物质报酬为目的，利用自己的时间、技术等资源，自愿为社会和他人提供帮助的组织和个人。志愿者既可以是个体的人，也可以是组织和团体，它是志愿服务过程中最具积极性的因素。

　　志愿精神是一种不计较个人得失、不计较劳动报酬、自愿参与人类社会发展、推动社会进步的精神。志愿服务精神是一种精神体现，这种精神体现了我国传统的美德，继承了中华民族助人为乐、互相帮助的精神，同时也适应了社会主义核心价值体系的内在要求。

　　志愿服务的概念既包括地方和国家范围内的志愿者行为，也包括跨越国境的双边的和国际的志愿者项目。国内的志愿服务的范围包括但不限于扶贫开发、社区建设、环境保护、大型赛会、应急救助、海外服务等。国外的志愿服务主要包括专项性的志愿服务工作、专业性的志愿服务工作、公益性的志愿服务工作和社区性的志愿服务工作等主要形式。

　　志愿服务为发达国家和发展中国家福利的提高与社会的进步做出了重要贡献。它是各国和联合国进行人道主义援助计划、技术合作、改善人权、促进民主与和平的重要组成部分。志愿服务突出地表现在非政府组织、专业协会、工会和其他民间组织的活动中。许多社会活动，如在消除文盲、疫病和环境保护等领域，都主要依靠志愿者的帮助。志愿服务旨在动员、保障社会，整合社会资源，教化社会公众，促进社会和谐与进步。

　　志愿者不以谋取物质报酬为目的，自愿献出时间和精力。他们的奉献精神是高尚的，是志愿服务精神的精髓。志愿者通过参与志愿服务提高自身的办事能力，促进了社会的进步，同时自身也得到了很大提升。

　　当今对志愿服务的理解，一个重要的方面是将之纳入公民社会发展的框架。从社会作用上看，志愿服务及其相关组织机构，正是填补"市场不为"和"政府不及"之间空缺的重要行为力量，从而也是公民社会或者说"第三部门"的典型代表力量。在中国，已经开展的志愿服务的一个主要特征，是它主要存在于政府职能部门的管理和控制之下，并在发展中借助了政府组织的动员力量。比如隶属于共青团的"青年志愿者"和民政部的"社区志愿者"，就是中国志愿服务的最主要组成部分。然而伴随市场经济发展和政治体制改革，这一"公民社会"空间在中国也日益凸显出来，志愿服务正日益成为保障社会公益

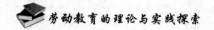

事业顺利展开的重要力量。近年来，各类专业性的非政府组织纷纷出现，它们组织的志愿服务蓬勃展开。这类志愿服务与体制内的"青年志愿者"的共存和互相影响，将使中国的志愿服务走向新的发展阶段，形成一个新的格局。

2. 志愿服务精神的内涵

（1）志愿服务精神的核心

志愿精神的核心是服务、团结的理想和共同使这个世界变得更加美好的信念。从这个意义上说，志愿精神是联合国精神的最终体现，不仅是联合国精神的体现，更是人文精神的最高表现形式。志愿服务的精神概括起来是奉献、友爱、互助、进步。

①奉献。奉献精神原指恭敬地交付、呈献，即不求回报地付出。奉献精神是高尚的，是志愿服务精神的精髓。志愿者在不计报酬、不求名利、不要特权的情况下参与推动人类发展、促进社会的活动，这些都体现着高尚的奉献精神。

②友爱。志愿服务精神提倡志愿者欣赏他人、与人为善、有爱无碍、平等尊重，这便是友爱精神。志愿者之爱跨越了国界、职业和贫富差距，是没有文化差异、没有民族之分、没有收入高低的平等之爱，它让社会充满阳光般的温暖。如无国界医生，他们不分种族、政治及宗教信仰，为受天灾、人祸及战火影响的受害者提供人道主义援助，他们奉献的是超国界之爱。

③互助。志愿服务包含深刻的互助精神，它提倡"互相帮助、助人自助"。志愿者凭借自己的双手、头脑、知识、爱心开展各种志愿服务活动，帮助那些处于困难和危机中的人，走出困境，自强自立，重返生活舞台。志愿服务者以互助精神唤醒了许多人内心的仁爱和慈善，使他们付出所余，持之以恒地真心奉献。受助者获得生活的能力后，也会投入关心他人、帮助他人、为社会做贡献的志愿活动中，这些志愿活动都涵盖着深刻的"互助"精神。

④进步。进步精神是志愿服务精神的重要组成部分，志愿者通过参与志愿服务，使自己的能力得到提高，同时促进了社会的进步。在志愿活动中无处不体现着进步的精神，正是这一精神使人们甘心付出，追求社会和谐之境的实现。

（2）解读志愿服务精神

从历史源流的角度看，中国的志愿精神是传统美德、时代精神和人类共同文明的有机结合。它一方面是对中华民族团结友爱、助人为乐、见义勇为、尊老爱幼、尊师重教等传统美德的继承和光大；另一方面是社会主义时代精神的弘扬和"雷锋精神"在新时期的新体现。通过志愿服务的开展，中国在市场经济追求效率、利润，鼓励竞争的同时，强调公平、道义和爱心的社会主义道德观。

志愿精神在志愿者、接受志愿服务对象、社会整体和人文精神几个层面上表现出不同的侧重点。

首先，从志愿者即提供志愿服务的人的角度，志愿精神可以总结为"奉献服务"。即对志愿者，需要强调的精神是"志愿"和"服务"，这也是我们在对志愿者的理解中已反复发现的"奉献""不计报酬和收入"等方面的特征。这一点也体现在中国志愿者组织的加入誓词中——"尽己所能，不计报酬，帮助他人……"但与此同时，体现在志愿者角度的志愿服务内涵也不是单方面的施与，而是具有"双赢"的特色。志愿者在服务他人、服务社会的同时，自身也得到了完善，得到了精神和心灵的满足。另外，志愿者在服务过程中也丰富了自己的生活经验、加深了对社会的认识，并培养了组织、领导、合作等方面的能力，增强了自信心，获得了成就感。从而，就志愿者的角度而言，志愿精神体现为"互助"。从接受志愿服务或救助的人的角度而言，志愿精神强调的是"自助自尊"，即对服务对象的自尊自信和自身潜能的激发。这是新时期志愿精神需要着重强调的一个方面。与传统的慈善救助观念不同，志愿服务认为每个人都有自己的价值和改善生活、服务社会的能力。服务对象不是消极被动地接受帮助的失败者，而是可以在他人的帮助下实现自身更好发展的积极主体。所以，志愿服务在面对服务对象时，平等和互动的态度是最重要的，只有这样才能有效地减轻对方在接受服务时的自卑感、疏远感等消极感受，增加他们对自己、对他人和对社会的信心。从志愿者和服务对象两个基本方面的结合来看，志愿精神表现为"自助助人"和"自乐乐他"的特征。

其次，从志愿服务的社会作用角度看，在社会体系结构的层面上，志愿精神体现为"公民参与"的特色；在社会心理的层面上，志愿精神突出表现为社会生活和人际关系的调整，即"互助友爱"的色彩。后一个层面在中国的青年志愿服务中得到了最突出的强调，其理念被总结为"爱心献社会、真情暖人间"；而在中国志愿者组织加入誓词中，"服务社会，传播先进文化，为建设团结互助、平等友爱、共同前进的美好社会贡献力量"这一理念也是宣誓的重点。志愿服务的这一社会效应与志愿服务的特征密切相关，它的个人化、人性化的服务方式，以及与志愿者个人兴趣、特长相结合特征，使志愿服务较之传统的救助方式更具有亲和性和相互性，从而使志愿服务的过程不再是单方面的施与或救助，而成为相互关爱、相互交往和共同发展的过程。对比我国过去主要依靠政府力量实行的救助项目，志愿服务显然可以有效地拉近人与人之间的心灵距离，减少服务对象因消极接受救助而产生的挫败感和疏远感，从而对缓解社会矛盾、促进社会稳定起到积极的作用。"公民参与"和"互助友爱"这两个层面的结合，构成了前述的志愿精神中的"进步"或者说"推动人类发展、促进社会进步"的意义层次。

最后，就志愿精神所体现的人文精神价值的层面，联合国志愿人员组织做了一个很好的总结，即志愿精神体现为"个人对生命价值、社会、人类和人生观的一种积极态度"。显然，志愿精神在影响志愿者和救助对象、作用于社会体系结构和心理各方面的基础上，最终目的是在全社会每个成员的心灵中得到内化，成为一种面对人生、社会和生命的个体态度。这是志愿精神的最深层次，是"奉献服务""自助助人""公民参与""互助友爱"和"共同进步"等精神内涵在个人人生态度中的升华。

(二)志愿服务实践应体现的特征

一个行为要成为志愿性质的行为，必须至少具有自愿性、无偿性和公益性三个特征，即它要出于参与主体的自主选择，超越常规的经济交换活动领域，并具有社会正效应。

另外就当今社会的普遍情况而言，志愿服务一般还具有组织性的特征，即依托相对专业化的组织和指导力量的志愿服务成为主流。如在我国，各级共青团组织就是开展青年志愿服务最重要的载体；其他带有草根性质的志愿服务，也多由各种非政府组织或基金组织负责开展和管理工作。

总之，被广泛接受的志愿服务的特征在于自愿性、无偿性、公益性和组织性，并体现出专业化、全民化的发展趋势，凸显促进公民社会发展和公共精神展现的价值。

1. 自愿性

自愿性是志愿服务首要的特征，主要是指志愿服务的提供主体基于意思自治原则做出判断，不受他人强制和胁迫。出于个人义务、工作职责、法律责任从事的行为，不属于志愿服务。

一般情况下，学生志愿服务活动都是在学生自愿报名的前提下，通过择优选拔和公开招聘的形式对学生个体进行了解并录取，引导组织开展相应的服务活动。随着学生综合素质的日益提升，大部分学生都是从自我的良知和同情心出发，以服务大众为己任，依托良好的社会责任感，积极参与到社会服务活动中。

新时代学生是民族和未来的希望，是社会主义的建设者和接班人，必须用马列主义、毛泽东思想、邓小平理论、"三个代表"重要思想、科学发展观和习近平新时代中国特色社会主义思想等作为学生志愿服务的行动指南。当代学生应该在弘扬社会正气、服务公益事业中体现自身的社会责任感。当代学生能够积极主动参与到志愿服务活动中，自觉承担起传承和发扬中华民族传统美德的历史责任，将自身价值的实现与和谐社会的构建联系起来，通过自身的学习和努力，不断贡献自己的力量。

2. 无偿性

无偿性是指志愿服务的提供者从事志愿服务行为不能获得相应的对价，不以营利或者获得任何好处为目的，却不意味着志愿者的服务绝对没有任何报酬。

在志愿服务过程中，常有政府或者某个社会组织为志愿者的花费提供一定补贴（如交通补贴、午餐补贴等），但这并未违反志愿服务无偿性的特征，因此，这类补贴并不构成志愿服务行为的相应对价。这些花费补贴意在促使一些没有经济实力的人毫无后顾之忧地参与志愿服务活动，同时能够为一些职业化从事志愿服务的人提供基本的生活保障。

无偿性的特点意在突出志愿者单纯善良的参与动机。

3. 公益性

公益性是指志愿服务必须指向公共利益。

公共利益简称"公益"，是有关社会公众的利益和福祉，是为人民服务的一种通俗讲法。"公益"为后起词，五四运动后方才出现，其意是"公共利益"。经济行为以追求利益为目标，而志愿服务体现的是无私地向社会提供服务，所以志愿服务与经济行为具有本质的区别。学生志愿服务为营造良好的人与社会、人与人之间的和谐氛围起到了重要作用，同时也对构建和谐社会具有很强的现实意义。学生志愿服务具有较强的社会公益性，它开展的宗旨也是更好地奉献社会、服务社会。

学生志愿服务内容非常广泛，大到奥运会、世博会，小到义务家教、帮助孤老。学生志愿服务的终极目标是无偿地帮助社会和他人，通过自己力量的共享，使社会更加和谐、人民更加幸福。学生群体以社会公益作为志愿服务的价值取向，更易被人们接纳。学生志愿服务，用实际行动向社会展示了当代学生群体良好的道德风尚以及高度的社会责任感和使命感。

4. 组织性

组织性也是学生志愿服务活动的一个重要特征。顾名思义，组织性就是学生在开展志愿服务活动的过程中要遵循一定的规则，不能处于"放羊"状态。

一般而言，校团委主管学生志愿组织，学生志愿组织在校主管部门的管理与指导下，借助校资源组织而成。近年来，我国的学生志愿服务取得了一定的发展，已经形成了以共青团组织为基础，以学生社团和校志愿者协会为依托的、较具规模的组织体系。通过不断完善组织结构、组织纪律和活动章程，保证了学生各项志愿服务活动的顺利开展。在整个实施过程中，学生志愿服务可能会体现为单个志愿者完成，但这也是志愿者组织意愿的一种体现。就目前来看，学校团委主管本校学生志愿服务活动，所以志，愿服务活动基本是

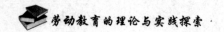

在学校团委的统一领导下进行的，学校一般会设置专门的志愿服务机构来保障志愿服务工作的开展，强化志愿服务的组织性。学生志愿者在团委的统一领导和组织下，在专门的团委教师或者社团教师的指导下有序开展志愿服务活动。

二、志愿服务技能

（一）成为志愿者的条件

第一，热爱公益事业，希望为公益活动做出自己的一份贡献。

第二，严肃工作作风与工作纪律。工作时间不得离开工作岗位，如有特殊情况须离开岗位、应征得负责人的同意并按时返回；未经同意离开的视为脱岗，造成后果的，视具体情况酌情处理。认真遵守请假、销假制度。服从指挥，听从组织和学校安排。志愿者不得擅自从事与志愿服务无关的活动。

第三，艰苦朴素，谦虚谨慎。不以任何形式增加服务单位和受援地的经济负担，不提出超出服务岗位必需及当地客观条件的物质要求。

第四，不计较个人得失。严于律己，不得以任何理由接受服务对象的钱物，不以志愿者身份从事任何营利性活动和一切有悖于志愿者精神的活动。

第五，按时完成指定的工作任务和项目，保证服务质量；在认真完成本职工作的同时，积极参与其他志愿服务活动。

第六，洁身自爱，树立形象。不酗酒、不赌博、不斗殴，严肃工作和生活作风，维护志愿者形象；尊重当地风俗习惯，与当地群众和睦相处。

第七，工作时间保持通信畅通，遇到问题及时反馈。负责人必须保持 24 小时通信畅通，随时掌握每位志愿者的行踪。

第八，强化安全、责任、保密意识，在工作中做到安全服务。服务期间要服从统一安排，注意人身和财物安全，不得到江河湖塘游泳，夜间不得单独外出。遇到突发事件时应冷静对待，谨慎行事，任何情况下不得与服务对象发生冲突。

（二）掌握志愿服务技能与技巧

对技能的要求，是志愿服务走向有效发展之路的必然，只有这样才能使受助对象得到最有力的帮助。同时，也可以避免对志愿者本人热情的浪费，避免"在其位不谋其事"状况的发生。每个人都有自己的特长，如何使这个特长在志愿服务中得到有效发挥，也是志愿服务作为人力资源再度分配的一个有益补充。

1. 应具备多种服务技能

随着社会的进步，人们对志愿服务的形式、内容、质量都提出了更高的要求。在一项针对志愿者的调查中，有超过半数的志愿者认为"自身知识水平以及社会实践能力的欠缺"制约了志愿服务的进一步开展，越来越多的志愿者也已经开始注意从事志愿服务所需技能的问题。

深入农村的志愿者必须参加组织培训与学习，了解农村的有关法律、法规、风俗和农业知识；到边远地区支教的志愿者必须学习教学方法、沟通技巧，掌握除专业之外的广泛的知识和技能；走入社区提供社区服务的志愿者，不能将自己的服务定格在具体的形式和内容上，必须创造出丰富多彩的服务，以满足社区不同人员的需求；向社会弱势群体伸出援手的志愿者，必须了解并熟悉当地的孤儿院、敬老院的情况，到伤残人士、军烈属、生活有困难的人家中去，必须想其所想，运用自己所掌握的服务技能提供最贴心的服务。可见，无论从事哪一种志愿服务都必须掌握起码的专业技能。只有认识到这一点，志愿服务工作做起来才能得心应手。

2. 社会工作实务基本技能

①自我探索。自我探索包括自我认识、自我评价、接纳他人、自我肯定、自我控制。

②会谈。会谈包括报告式会谈、评估式会谈、治疗式会谈。

③建立关系。建立关系的方法有语言与非语言、专注与倾听、同理心与自我表露。

④讨论。讨论包括有效提问、邀请与鼓励、头脑风暴、领导技巧。

⑤影响。影响通过教育、对质、倡导、整合资源实现。

⑥活动策划。活动策划流程为：评估需求→确定目的及目标→制订活动方案→评估→撰写计划书。

3. 社会工作的核心技巧

①基本语言技巧。准确地领悟和沟通，并能感知他人经历的意义和重要性。向当事人表达一起工作的意愿，表达出对当事人的接纳。保持真诚，直接和彻底地表达特定的感受和经历。

②形体语言技巧。除了口语和非口语间的一致性，肢体语言应须传达对他人的关切，如关心、尊重和热忱。但是，在许多时候，又必须传达权力和权威。为了强调不同的重点，肢体语言要有变化。

③观察技巧。观察技巧中用眼睛去"倾听"，指的是注意到当事人的身体特征、姿态和其他非口语行为。非口语表达和口语表达一样具有信息性，有时甚至更有价值。

④记录技巧。记录志愿活动的过程，或者中间发生的问题，或者事件摘要。

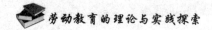

第三节　社会实践

一、校外实习

(一)校外实习策略

1. 严格按照人才培养方案规范安排学生实习

各学校要认真制订学校各专业人才培养方案，并按照既定人才培养方案安排学生实习，防止随意安排学生实习。如学校在人才培养过程中确须调整人才培养方案，应遵循人才培养方案制订程序审慎调整，并通过学校网站等形式向社会公开，接受社会监督。

学校各专业的人才培养方案应在学生入学时向学生公布，并做出必要注释，便于学生及家长了解职业教育特点和专业人才培养目标。不得虚夸学生毕业后的就业去向和岗位，避免误导学生及家长，防止造成学生及家长不切实际的高要求与现实情况出现落差而产生不满情绪。

2. 严格执行《职业学校学生实习管理规定》

①严禁在签订学校、实习单位、学生三方实习协议之前安排学生实习，实习协议应约定学生实习报酬。

②严禁安排每天超过8小时的学生实习。

③严禁通过中介机构或有偿代理组织安排和管理学生实习。

④严禁向学生收取实习押金、报酬提成、管理费或者其他形式的实习费用。

⑤安排实习岗位应与学生所学专业对口或相近。

对学生反映问题较多的实习安排，学校必须予以高度重视，责成实习管理教师耐心做好实习学生的思想教育和管理工作，谨防采用强制性语言和做法；如实习管理教师不能及时解决学生思想问题，多数学生仍有不满，学校要立即采取措施，撤回实习学生，安排学生先在学校进行相关实训学习或重新为学生安排实习岗位，防止因为学校实习管理的疏忽或不当引发舆情，影响社会对职业院校组织实习工作的判断。

3. 加强学生实习期间思想政治教育和职业指导

加强对实习带队教师的培训，提高实习带队教师的思想政治素质，使他们在实习管理过程中能够耐心地做好学生的思想工作，帮助解决学生的思想问题，培养学生吃苦耐劳、遵纪守法的精神品质。

加强对学生的思想政治教育和职业指导，帮助学生树立正确的就业观、择业观，培养学生社会责任感、服务意识、创新精神和团队精神。帮助学生树立正确的职业观念，设定适合自身发展的职业目标和职业发展方向。

4. 以爱心和责任心保障学生权利与实习安全

各学校领导班子和广大教师要树立优良的师德风范。教师要关爱学生，尊重学生人格，多与学生交流，做学生的知心朋友；要勤恳付出，对每一位学生负责，对家长负责，对国家的下一代负责；要率先垂范，从小事做起，从自我做起，以高尚的人格感染人，以和蔼的态度对待人，以丰富的学识引导人，以博大的胸怀爱护人。

学校要厘清并归纳学生实习过程中可能遇到的安全问题和安全隐患，通过举行班会、讲座，印发实习须知等形式切实加强实习安全教育；实习管理教师应反复对学生强调交通、实习操作、卫生、与陌生人打交道、网络金融等方面的安全问题，提高学生自我保护意识和安全意识，保障学生实习期间的人身安全和健康。

学校要依法保障实习学生的基本权利，依法坚决制止和杜绝有损实习学生基本权利的事件发生。

5. 加强对职业院校实习工作的监督管理

各级教育行政部门应加强对学校实习工作的监管，要通过对学校周期性教学诊断与改进工作的复核聚焦学校实习工作，促进学校实习工作的改进提高；要采取抽查的方式，对学校实习工作实施监管。对多次违反《职业学校学生实习管理规定》的学校，主管部门应予严肃处理。

6. 做好学生权益保障

学校和实习企业要为学生提供必要的条件及安全健康的环境，不得安排学生到娱乐性场所实习，不得违规向学生收取费用，不得扣押学生财物和证件。

实习前，学校应为学生购买实习责任险或人身伤害意外险。加强跟岗、顶岗实习管理，严格遵守工作时间和休息休假的规定，除临床医学等相关专业及实习岗位有特殊要求外，每天工作时间不得超过 8 小时、每周工作时间不得超过 44 小时，不得安排加班和夜班。

要保障顶岗实习学生获得合理报酬的权益，劳动报酬原则上不低于相同岗位试用期工资标准的80%。

要保障未成年人的合法权益，不得安排未满 16 周岁的学生顶岗实习。

7. 抓好实习的组织实施

学校应会同实习单位共同制订实习计划，明确实习目标、任务、考核标准等，共同组织实施学生实习。实习指导教师要做好实习学生的培训，现场跟踪指导学生实习工作，检查学生实习情况，及时处理实习中出现的问题，做好实习考核。严禁委托中介机构或者个人代为组织和管理学生实习工作。

8. 科学制订实习方案

学校要根据实习内容，按照就地就近、相对稳定、节省经费的原则，选择专业对口、设施完备、技术先进、管理规范、符合安全生产等法律法规要求的单位进行实习。

根据单位生产实际和接收能力，错峰灵活安排实习时间，合理确定实习流程。

9. 加强实习工作监管

省级教育行政部门要加强对学校实习工作的监管，重点监督学校实习环节设置是否科学合理、实习组织管理是否规范、学生安全和正当权益是否得到保障、实习经费是否充足、实习效果是否达到预定目标等。

对实习过程中存在的违规行为及时查处，对监管不力、问题频发、社会反响强烈的学校和地方，要约谈相关负责人，督促其落实主体责任，并在一定范围内进行通报批评。

实习期是指在校学生充分结合自己的理论知识，参加社会实践工作，以充分提高自身综合素质和工作适应能力的一段时期。它有助于学生将来找到一份适合自己的职业；或者提前熟悉即将就职单位的基本情况，给本人和聘用单位相互熟悉、了解的机会。此外，实习期还指想达到某种实战效果或技能，但是不太熟悉或熟练，通过实践和学习达成预期的目的。

实习期约定工时一般为 90~180 天，但这段时间根据个人的实习情况或单位组织的不同也有所不同，其中医疗行业尤为特殊，一般实习期最少为半年，有时会超过一年半时间。

学生在实习期间发生伤害事故，不属于工伤，不能享受工伤保险待遇，但可以以雇佣关系向用人单位主张权利，或由学校基于与单位之间的实习合同的相关约定主张权利。

实习期只适用于在校学生。一些用人单位为了逃避保险或最低工资的限制，故意与符合劳动者资格的非在校学生签订实习协议，这是违法的，也是无效的。实际上即便签订实习协议，用人单位和非在校学生也存在事实劳动关系。

作为用人单位，应该与实习生签订实习协议，或与实习生、实习生所在的学校签订三方协议，明确实习生的实习时间、工作时间、实习费、实习内容等细节。同时用人单位可以为实习生购买商业保险，避免实习过程中发生因工受伤后产生经济赔偿纠纷。

实习期间实习生须努力并且注重实践。

(二)校外实习应掌握的知识与技能

从学生假期实习所需要的知识和技能来看，大致可以分为三种：第一种是基础知识与技能，第二种是特殊知识与技能，第三种是通用知识与技能。

1. 基础知识与技能

基础知识与技能就如我们所说的三观，即世界观、人生观、价值观。因为我们从学校到企业会面临不同的环境，学校有学校的校规校纪，企业也有它们的一些规章制度。所以，基本知识与技能就是解决一个人如何采取一个正确的生活态度，因为大家出去实习后，面临的是一个陌生环境，跟企业沟通交流，就要有自己正确的态度。

古人所提倡一种价值观——慎独，慎独就是在独处的情况下能够合理地做出自己的价值判断。哪一些事情可以做，哪些事情不能做，这些都要有基本的价值判断，不要因为没有了学校和教师的监管，就采取一些不恰当的行为，这会影响企业对实习生的评价。

2. 特殊知识与技能

大家出去实习之后，每个专业每个行业都有一些特殊的知识与技能要求。例如，在影城实习，有的同学要去摸索怎样放电影，这对在影城实习生来说就是特殊的知识与技能。

企业一般会在实习生入职的时候对他们进行一些特殊知识与技能的培训，大家应抓住培训的机会，尽量学好具体的操作知识与技能。例如，一些企业需要实习生懂得怎样操作一些销售用软件，而实习生在学校里可能没有操作过这类软件，需要在培训中掌握这种知识与技能。这种知识与技能如果能掌握好了，对以后就业的帮助是很大的。所以大家在实习的时候要不断地去探索，看哪一些知识与技能跟自己的兴趣爱好和自己的发展潜力比较匹配，可以多关注一下。

3. 通用知识与技能

通用知识与技能通俗地说就是这些知识与技能这里可以用，那里也可以用。这种知识与技能不因为你离开了单位、企业后就没有用了，而是在以后另外找其他工作的时候也是可以用到的。例如表达能力和人际交往能力。

各种知识与技能的掌握情况其实能够反映一个人的成长，它不是一天就能够形成的，需要不断地积累，就像习惯一样。

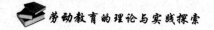

二、假期实践锻炼——兼职

（一）兼职圈套

1. 招聘陷阱

职场中最大的骗局当数收取保证金、押金，其比例占到了 28.16%。法律规定用人单位不得向应聘者收取任何费用（包括押金或保证金），所以，那些任职初期需要先交各种押金的公司是不合法的；而规模很小、态度恶劣却敢开口收取服务费的中介机构，不用多想，一定是想骗取求职者金钱的非法组织。遇到收取押金情况时应当瞪大眼睛、提高警惕，牢牢按住钱包，这是求职应聘过程中首先需要注意的。

某些招聘企业利用很多求职者求职心切收取保证金，在求职者交保证金后就告知其招聘职位已满，钱也不会退还。更加隐蔽的收费还包括服装费、档案管理费、培训费等实际应该是用人企业承担的成本。而求职者很少有能通过后期的培训考核的，即使通过了，骗子也会用各种苛刻的工作环境和要求迫使求职者知难而退。

许多非法职业中介会向求职者收取"服务费""信息费"等。求职者交钱之前，中介机构承诺招聘信息浩如烟海，总有适合你的职位，可一旦付了费得到了那些信息之后，要么是单位不需要招人，要么就是对口职位刚刚招聘完毕。事后才知是场骗局，软弱者自认倒霉，较真者也追讨无门。

2. 中介陷阱

所谓的中介陷阱是指未经过批准擅自从事职业中介活动的各种非法职业中介机构；违反有关规定，擅自扩大经营范围，以及职业中介活动中的各种非法行为，特别是以信息咨询、婚姻中介、房屋中介等名义非法从事职业中介的行为。

一些非法的、不规范的中介机构利用学生急于在假期打工的心理，以"急招"的幌子引诱学生前来报名登记，以收取信息费、查询费或各种保证金为借口，向求职者骗取高额费用，坑害求职者。一旦中介费到手，便将登记的学生搁置一边，不及时地为学生找合适的工作，等"找到"了，学生早就开学了，不能去工作了，中介费算是白交。或者钱到手后，将一些没人干的工作，甚至是没有的工作介绍给学生，让学生自己提出不干，中介就赚取到了中介费。或者找几个做"托"的单位让学生前去联系，其实只是做个样子。更有甚者竟然打一枪换一个地方，学生交钱后连中介的影子也找不着了。

3. 协议陷阱

薪酬陷阱，是指招聘时开出优厚的待遇，等到员工正式上班时，之前的承诺却以种种理由不予兑现，于是受骗者大呼上当。或者是针对薪水中的一些不确定收入，进行虚假或模糊的承诺，最终不能兑现或者"缩水兑现"。

高薪往往是跳槽的主要诱惑，在高薪的旗号下求职者对一切都信以为真。另外，薪酬中的所谓软成本，就是当初没有明确商定价位，只有口头承诺的那部分薪酬，那么其变动的空间和额度就难以预估了。再加上没有法律的相关保护，其实现机制更加"灵活"，可以说可付可不付。

建议求职者与企业界定薪酬的上下限，并协商支付方式。尽量减少薪酬中的"软性成分"，或者试行一个月后重新规划。另外，求职者在应聘时应多加留意，不清楚的地方要问明白。例如，一年是十二薪还是十三薪？试用期待遇如何？时间多长？加班时间费用如何计算？

4. 试用期陷阱

有些企业在招聘时，并不明确告知试用期，只告知试用期的工资较低，转正后工资会大幅度上涨。但是在试用期即将结束时，企业便以各种理由炒求职者"鱿鱼"。因为试用期的工资、福利待遇和正式录用后差异较大，而招聘的费用又微乎其微，利欲熏心的用人单位便通过无休止的"试用"来获得最廉价却最认真的劳动力。新员工到职后一般都要经历或长或短的试用期，3~6个月不等，只有少数熟手会将试用期缩短到1个月内甚至1周内，一定程度上避开试用期陷阱。

5. 培训陷阱

培训本来是好事，几个星期的岗前培训是正常的，有些公司却会让实习生培训几个月，而且不给工资，这时须引起注意，以免进入传销组织。

这类骗子在面试后，通常要求学生参加公司培训与考试。学生交钱之后，有的会进行一些培训，并发培训资料、光盘等，让学生背资料、考试。但考试内容却与资料无任何关系；有的甚至根本不培训，收了钱就失踪。

《中华人民共和国劳动合同法》对于企业培训、培训费及服务期都有规定，正规的企业即便有岗前培训，也都是免费的。

6. 传销陷阱

总有人向往省力而又赚钱的职业，而这只在骗子公司存在。没有学历本领要求，只须陪人聊聊天、喝喝饮料就可以月进万元，如此诱惑力极高的招聘广告经常出现在网络、报纸的角落或者街头巷尾的墙壁、电线杆上。这些所谓的公司甚至不惜重金租下高档写字楼作为办公接待场所，给应聘者不错的第一印象；再经过招聘者的三寸不烂之舌表述某行业

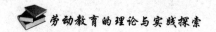

的高尚和盛行，渐渐打消应聘者的疑虑……

对这种骗术，动脑稍加思考就应有所怀疑。如果招聘者夸夸其谈，反复强调招聘职位轻松便能拿高薪，很有可能是在引诱你加入传销及其他非法机构。

传销组织鼓吹自己从事电子商务、人际网络、网络销售、框架营销等，用所谓的"经济理论""市场营销手法"欺骗缺乏社会阅历的学生加入；同时，一些网络传销还会通过网络购物、付费广告点击、网络游戏、网络加盟、金钱游戏等载体发展下线。

（二）兼职涉及的劳动关系

虽然做兼职的同学很多，但是他们对兼职的劳动关系往往不太了解。

1. 区分劳动关系与劳务关系

（1）规范和调整劳动关系与劳务关系在法律依据方面的主要区别

劳动关系由《中华人民共和国劳动法》规范和调整，而且建立劳动关系必须签订书面劳动合同。劳务关系由《中华人民共和国民法通则》和《中华人民共和国劳动合同法》进行规范和调整，建立和存在劳务关系的当事人之间是否签订书面劳务合同，由当事人双方协商确定。

（2）劳动关系主体与劳务关系主体的区别

劳动关系中的一方应是符合法定条件的用人单位，另一方只能是自然人，而且必须是符合劳动年龄条件，且具有与履行劳动合同义务相适应的能力的自然人；劳务关系的主体类型较多，如可以是两个用人单位，也可以是两个自然人。法律法规对劳务关系主体的要求，不如对劳动关系主体的要求那么严格。

（3）当事人之间在隶属关系方面的区别

处于劳动关系中的用人单位与当事人之间存在隶属关系是劳动关系的主要特征。隶属关系的含义是指劳动者成为用人单位中的一员，即当事人成为该用人单位的职工或员工（以下统称职工）。用人单位的职工与用人单位之间存在劳动关系是不争的事实。而劳务关系中，不存在一方当事人是另一方当事人的职工这种隶属关系。如某一居民使用一名按小时计酬的家政服务员，家政服务员不可能是该户居民家的职工，与该居民也不可能存在劳动关系。

（4）当事人之间在承担义务方面的区别

劳动关系中的用人单位必须按照法律法规和地方规章等为职工承担社会保险义务，且用人单位承担其职工的社会保险义务是法律的确定性规范；而劳务关系中的一方当事人不存在必须承担另一方当事人社会保险的义务，如居民不必为其雇用的家政服务员承担缴纳社会保险的义务。

（5）用人单位对当事人在管理方面的区别

①用人单位具有对劳动者违章违纪行为进行处理的管理权的区别。例如，对职工严重违反用人单位劳动纪律和规章制度、严重失职、营私舞弊等行为进行处理，有权依据其依法制定的规章制度解除当事人的劳动合同，或者对当事人给予警告、记过、降职等处分；劳务关系中的一方对另一方的处理虽然也有不再使用的权利，或者要求当事人承担一定的经济责任，但不含当事人一方取消另一方本单位职工"身份"这一形式，即不包括对其解除劳动合同或给予其他纪律处分形式。

②在支付报酬方面的区别。劳动关系中的用人单位对劳动者具有行使工资、奖金等方面的分配权利。分配关系通常包括表现为劳动报酬范畴的工资和奖金，以及由此派生的社会保险关系等。用人单位向劳动者支付的工资应遵循按劳分配、同工同酬的原则，必须遵守当地有关最低工资标准的规定；而在劳务关系中的一方当事人向另一方支付的报酬完全由双方协商确定，当事人得到的是根据权利义务平等、公平等原则事先约定的报酬。

2. 劳动者与兼职单位之间存在劳动关系

现实生活中，劳动者在与一方建立劳动关系的同时，利用空余时间、下岗或停薪留职期间，又到其他单位上班的现象并不鲜见。在以往的司法实践中，对于劳动者的兼职行为，一些司法审判机关会以劳务关系对待。以至于一些劳动者在从事兼职活动时，无法享受社会保险、节假日、最低工资标准等应有的劳动保障待遇。

但自从 21 世纪《中华人民共和国劳动合同法》《中华人民共和国劳动争议调解仲裁法》施行以后，对于劳动者的兼职行为，司法审判机关根据相关规定，基本持肯定态度。只要劳动者与兼职单位建立的用工关系符合劳动法的规定，原用人单位和兼职单位对劳动者的兼职行为没有异议，一般都认定劳动者与兼职单位之间也存在劳动关系，受劳动法的保护，以符合劳动法所倡导的"维护劳动者合法权益"的立法精神。

需要提醒的是：有些用人单位试图通过招用兼职人员来逃避劳动用工义务，未签订劳动合同、未缴纳五项保险、未支付加班费等违法用工现象仍比较普遍。因此，劳动者在从事兼职活动时，应注重保护自己的合法权益，谨慎了解自己与兼职单位之间的各项权利义务。对于双方之间的法律关系以及权利义务，最好能通过书面合同的形式予以确认。

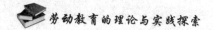

第四节　劳动教育和研学旅行的融合实践

一、劳动教育和研学旅行融合的可行性

（一）劳动教育和研学旅行的共同性

1. 目标一致：教育性

劳动教育和研学旅行是新时代党和国家建设教育强国的新要求，是新时代党和国家提出的新教育政策，是培育和践行社会主义核心价值观的重要载体，是立足学生的全面发展，知行合一，立德育人，"五育并举"，全面推进素质教育，培养社会主义事业建设者和接班人的重要途径。二者的共同目标都是全面贯彻党的教育方针，立德育人。

2. 方式一致：综合性

劳动教育和研学旅行都可以打破校内教育在专业、学科、课程上的分割和限制，将多方面的知识、技能、素养融合在一起，与不同的专业、学科、课程相融合，从而使学生融会贯通，锻炼全方位的能力和素养，"五育并举"，全面发展。

3. 途径一致：实践性

综合实践活动课程是国家课程。劳动教育和研学旅行是学校综合实践活动课程的重要组成，虽然二者各自有独立的课程大纲或准大纲性文件，但二者都是学校教育与校外教育的结合，都是把教育的场所由封闭的课堂教育引向开放环境中，不同于传统校内教学的说教和单调讲解，而是在真实的环境或情境中，调动受教育者视、听、嗅、味、触等多种感官，手脑并用，全身心投入，让受教育者亲自观察、动手、参与、体验、互动、探究、感悟。因此，实践活动是劳动教育和研学旅行共同的实施途径。这种实施途径立足于知行合一，是灵活的，也是高效的。

（二）劳动教育和研学旅行的差异性

虽然劳动教育和研学旅行在很多方面具有共同性，但二者并不是简单的重叠关系，而是立足于二者的区别，各自独立，相互交叉。

1. 从实施场所来看

劳动教育的实施场所包括学校、家庭及校外三方面。可以在家庭或学校对受教育者进行日常生活劳动教育，也可以在校外对受教育者进行生产劳动教育和服务劳动教育。研学旅行的实施场所则必须是校外。受教育者必须通过集体旅行、集中食宿的方式走出校园，在与日常生活的家庭、学校完全不同的环境中进行参观体验实践。二者在校外实施场所上有交叉，因此，劳动教育和研学旅行的融合只能是基于校外实践场所的融合。劳动教育和研学旅行基于校外实践场所的融合，并不能涵盖所有劳动教育的内容；劳动教育的落实不能全部依赖研学旅行的融合。

2. 从强调重点来看

劳动教育的强调重点是教育内涵，以劳动教育为内容和目标，即进行劳动观念、劳动态度、劳动习惯、劳动能力等的教育，落实党和国家新时代全面发展的教育方针，劳动教育的内涵是深刻的。研学旅行的强调重点是教育途径，是研究性学习和旅行体验相结合，研究性学习是目的，旅行是途径，其概念强调以旅行实践体验为途径。而旅行空间是广阔的，无限制的。正因为劳动教育有更深刻的内涵和研学旅行有更广阔的空间，劳动教育和研学旅行才能各自成为独立的学科体系，拥有重要的地位。但研学的主题内容非常广泛，可以是乡土乡情、县情市情、省情国情，可以是某一门或结合某几门学科的综合知识，也可以是劳动教育。因此，劳动教育和研学旅行的融合是基于劳动教育这一研学主题内容的融合。劳动教育和研学旅行基于劳动教育主题内容的融合，并不能涵盖研学旅行的全部目标和内容；研学旅行并不局限于进行劳动教育。

(三)劳动教育和研学旅行的互补性

1. 劳动教育可以丰富研学旅行的教育内容和教育目标

目前研学旅行更多强调的是专业学科等文化知识的实践学习，注重"智"的研学，而忽视"德""体""劳"的研学，教育功能不全面，不利于学生德智体美劳全面发展，不利于全面素质教育的推进。将研学的学科知识、技能与劳动教育相融合，将劳动教育作为研学旅行的目标之一，可以丰富研学旅行的教育内容和教育目标，从而立足于学生的全面发展，以劳树德、以劳增智、以劳强体、以劳育美，"五育并举"，实现全面推进素质教育的目标。

2. 劳动教育可以拓展研学旅行的市场

一方面，从广义上看，一切以学习为目的的旅行活动都可以称为研学旅行，研学旅行是覆盖全年龄段的。考虑到学校集体组织、集体出行、集中食宿的要求，至少应该把学生包括在研学旅行的对象中。另一方面，研学旅行的课程大纲、相关政策、市场管理等也尚

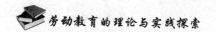

欠完善，从而使得研学旅行的发展受到掣肘。将劳动教育与研学旅行融合，给研学旅行的发展提供了新的发展方向，从国家政策层面进一步完善了研学旅行的实施规范，拓展了研学旅行的对象。因此，可以预见，研学旅行的市场规模将会进一步扩大。

3. 研学旅行可以拓展劳动教育的实施途径，有助于劳动教育的落实

落实劳动教育，使劳动教育在实践中落地是亟待解决的问题。研学旅行作为一种研究性学习和旅行体验相结合的校外教育活动，是学校创新劳动教育形式的重要载体。研学旅行可以拓宽劳动教育的实施途径，为劳动教育开辟生动的劳动体验场所、新鲜的劳动教育环境、丰富的劳动教育资源。研学活动与劳动教育科学有机融合，通过研学活动来落实劳动教育，将劳动教育贯穿研学旅行的组织准备、实践体验和评价总结的全过程中，可以在研学旅行的实践体验中使学生参与劳动、体验劳动、感悟劳动，树立辛勤劳动、诚实劳动、创造性劳动、劳动幸福、劳动光荣、热爱劳动、热爱劳动人民的劳动观点、劳动态度、劳动精神，掌握劳动知识和劳动技能，养成劳动习惯，提升劳动能力和劳动素养，实现劳动教育目标，落实劳动教育。

综上所述，为解决劳动教育和研学旅行面临的现实困境，基于劳动教育与研学旅行的共同性，考虑二者的差异性，立足于二者的互补性，以全面落实素质教育、育人强国为目标，以劳动教育为主题，以研学旅行为载体，以校外实践基地为主阵地，进行劳动教育与研学旅行的融合，是必要的，也是可行的。

二、劳动教育与研学旅行的融合模式与路径

基于上述分析，劳动教育与研学旅行的融合模式可概括为：劳动教育为主题，研学旅行为载体，校外实践基地为主阵地。以研学旅行为劳动教育的重要载体和实施途径，以劳动教育为研学旅行的教育主题、教育目标和教育内容，以校外实践基地为二者融合的主要阵地，进行深度融合。二者的融合路径为目标综合性、基地共享性、融合全程化、形式多元化。

（一）目标综合性

在制定研学课程时，要有综合性的目标体系。目标体系中既包含各学科综合知识、能力、素质等"智"方面的目标，也要包含"劳"方面的目标。根据相关文件，针对不同年级、不同年龄、不同专业的研学对象，制定分层次的劳动认知、劳动观念、劳动精神、劳动习惯、劳动能力等劳动教育的具体目标要求。

(二)基地共享性

劳动教育和研学旅行联合共建、共享校外实践基地。这些基地相较于单纯打造的劳动教育基地来说，往往基础设施较为完善、实践活动较为成熟，而且也有较高的知名度。进行劳动教育和研学旅行的融合，可率先依托这些研学基地，共享基地资源。在建设新的实践基地时，要同时考虑劳动教育和研学旅行两方面的需求，基地共享，实现资金利用最大化、基地利用最大化、教育成果最大化。

(三)融合全程化

劳动教育和研学旅行的融合不是口号，也不局限于实践活动的某一环节，而应贯穿实践活动的全过程。

1. 准备阶段的融合

在实践活动准备阶段，劳动教育和研学旅行的融合主要体现在受教育者个人行前物品准备环节。受教育者要自己查看目的地天气情况，准备个人换洗衣物和洗漱用品，根据需要准备帐篷、雨具、防晒防蚊等必备物品，自备个人常服药物和应急药品。通过行前准备过程的日常生活劳动，引导学生树立正确的劳动观，养成良好的劳动习惯，懂得感恩、尊重父母长辈的日常劳动，增强家庭责任感，体验劳动的快乐与幸福。

2. 实施阶段的融合

在整个校外实践活动过程中，劳动教育和研学旅行的融合体现在个人生活、集体生活和实践活动各个环节。个人日常的起居洗漱、床铺整理、帐篷拆搭、衣服换洗、打菜盛饭、随身物品携带等，都需学生自己独立完成。特别是对于小学阶段的学生来讲，研学旅行是提高学生生活自理能力、对学生进行日常生活劳动技能教育的良好时机。研学旅行是集体出行、集体生活。在集体生活中，每个个体都要承担公共空间卫生打扫、公共垃圾处理、公共安全防护、公共秩序维持、公共环境和公共设施保护等力所能及的公益劳动。在集体生活的公益劳动服务中，使学生增强集体意识，培养协作能力，强化社会责任感，珍惜劳动成果，树立热爱劳动、劳动光荣、劳动美丽的劳动观念。在实践活动中根据实践活动不同内容，在体验农业生产、手工制作、职业服务、团队协作、创新创业等的实践过程中，渗透生产劳动教育和服务劳动教育，培养学生热爱劳动、热爱劳动人民的劳动思想，养成辛勤、诚实、创造、奉献的劳动精神，树立劳动最光荣、劳动最崇高、劳动最伟大、劳动最美丽的劳动观念。

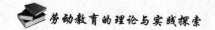

3. 总结阶段的融合

实践活动结束，在进行实践效果评价和总结的过程中，要构建完善的评价体系，评价项目除包括相关学科知识掌握、技能培养、能力提升外，必须把劳动观念形成、劳动习惯养成、劳动能力锻炼等作为重要评价项目，总体评价实践活动的效果是否良好，实践活动的目标有无实现。除实践活动导师的评价外，要引导参与实践活动的学生从多方面全面总结实践活动的收获。

参考文献

[1] 盖小丽. 新时代高职院校劳动教育研究 [M]. 长春：吉林大学出版社，2023.

[2] 刘丽红，肖志勇，赵彤军. 新时代劳动教育理论与实践教程 [M]. 北京：中国民主法制出版社，2023.

[3] 严实，张嘉友，刘真豪. 高校劳动教育育人模式构建的基本策略研究 [M]. 成都：四川大学出版社，2023.

[4] 刘建锋，刘有为，李咸洁. 高校劳动教育理论课教学模式路径创新研究 [M]. 成都：西南交通大学出版社，2023.

[5] 谭志福. 大学劳动教育 [M]. 济南：山东人民出版社，2022.

[6] 高小涵. 大学生劳动教育与实践 [M]. 成都：电子科学技术大学出版社，2022.

[7] 方小铁. 大学生劳动教育 [M]. 北京：北京理工大学出版社，2022.

[8] 余金保. 新时代大学生劳动教育教程 [M]. 北京：北京理工大学出版社，2022.

[9] 黄燕，叶林娟. 中国劳动教育回顾与体系建构研究 [M]. 上海：东方出版中心有限公司，2022.

[10] 王文婷. 高校劳动教育理论与实践研究 [M]. 长春：吉林出版集团股份有限公司，2022.

[11] 李臣之，黄春青. 新时代劳动教育课程设计与实施 [M]. 广州：广东教育出版社，2022.

[12] 杨烁，韩丹华. 用双手创造幸福——大学生劳动教育与实践教程 [M]. 成都：电子科技大学出版社，2022.

[13] 孔华. 基于新农科建设的高校劳动教育创新研究 [M]. 成都：西南交通大学出版社，2022.

[14] 贺天柱，郝军. 劳动教育与实践 [M]. 北京：北京理工大学出版社，2022.

[15] 汪永智，郭宏才，荣爱珍. 劳动教育 [M]. 北京：北京理工大学出版社，2021.

[16] 赵鹏，陈实现，李华文. 劳动教育实践教程 [M]. 北京：新华出版社，2021.

[17] 梁露，张自遵，王继梅. 高职生劳动教育教程 [M]. 北京：中国民主法制出版社，2021.

［18］李志峰. 大学生劳动教育概论［M］. 武汉：武汉大学出版社，2021.

［19］姜正国. 劳动教育与工匠精神教程［M］. 北京：北京理工大学出版社，2021.

［20］王卫旗，王秋宏，刘建华. 大学生劳动教育教程［M］. 北京：北京理工大学出版社，2021.

［21］龚立新. 新时代大学劳动教育［M］. 北京：中国言实出版社，2021.

［22］王一涛，杨海华，赵阳. 大学生劳动教育与实践［M］. 苏州：苏州大学出版社，2021.

［23］郭原娣，王彦发，金凌洁. 劳动教育理论与实践教程［M］. 石家庄：河北科学技术出版社，2021.

［24］朱华炳，李小蕴. 劳动教育项目设计与拓展［M］. 合肥：合肥工业大学出版社，2021.

［25］艾海松，谢刚. 大学生劳动教育实用手册［M］. 重庆：重庆大学出版社，2021.

［26］张子睿，郭传真. 劳动教育及其创新进路研究［M］. 北京：中国书籍出版社，2021.

［27］冯喜成，向松林. 新时代劳动教育理论与实践教程［M］. 北京：首都师范大学出版社，2021.

［28］梁焕英. 新时代劳动教育多样态［M］. 沈阳：辽宁大学出版社，2021.

［29］邵国莉. 大学生劳动教育与素质养成［M］. 长春：吉林摄影出版社，2021.

［30］曹丽萍. 新时代大学生劳动教育研究［M］. 北京：北京工业大学出版社，2021.

［31］张其光. 新时代高校劳动教育的回归与转型研究［M］. 北京：九州出版社，2021.

［32］施盛威，张毅驰. 新时代大学生劳动教育实践指导［M］. 苏州：苏州大学出版社，2021.

［33］陈森，赵万江，唐杰. 劳动教育［M］. 成都：电子科技大学出版社，2020.

［34］刘辉，刘全明. 职业院校劳动教育与实践［M］. 湘潭：湘潭大学出版社，2020.

［35］陈锋，褚玉峰，张东川. 新时代劳动教育理论与实践教程［M］. 上海：同济大学出版社，2020.

［36］邵文祥. 新时代大学生劳动教育教程［M］. 电子科学技术大学出版社，2020.

［37］许媚. 新时代劳动教育读本［M］. 成都：电子科技大学出版社，2020.